# Collection folio junior

**Pierre Gripari** est né en 1925 à Paris, d'une mère française et d'un père grec, originaire de Mykonos.

Il fait des études de lettres au lycée Louis-le-Grand, exerce divers métiers, puis s'engage pendant trois ans dans l'armée. Il est ensuite employé au siège social d'une compagnie pétrolière ; en 1957, il démissionne pour écrire une autobiographie, *Pierrot la lune*. En 1962, il crée *Lieutenant Tenant* à la Gaîté-Montparnasse. Il écrit des romans, des contes fantastiques et des récits pour enfants : *Histoires du Prince Pipo, Nanasse et Gigantet, Pirlipipi, deux sirops, une sorcière* (Grasset Jeunesse), *l'Incroyable Équipée de Phosphore Noloc* (La Table Ronde), *Pièces enfantines, Café-théâtre* (L'Age d'homme)...

Dans les *Contes de la rue Broca,* géants, sorcières, sirènes, surgis d'un patrimoine légendaire, s'animent d'une vitalité nouvelle. Narquois, l'auteur s'amuse à bouleverser l'ordre du merveilleux.

Pierre Gripari est mort en 1990 à Paris.

**Voutch** est né le 12 février 1958 à Paris. Après son baccalauréat, il s'inscrit au concours des beaux-arts de Metz – concours qu'il ne passera jamais, s'étant trompé d'une semaine dans les dates – et la même année au concours des Arts décoratifs de Paris qu'il manquera seulement de deux heures, après avoir prêté son réveil à un voisin la veille au soir. A la suite d'un malentendu, il devient créatif dans une agence de publicité et en 1989, vice-champion d'Europe de boomerang. Il se lance dans le dessin humoristique en 1995 et publie dans *Lui, Télérama* et *Le Point*. Il vient d'éditer son premier recueil de dessins d'humour : *Tout s'arrange, même mal*.

**Puig Rosado** est né, sous le sceau de l'humour, le 1<sup>er</sup> avril 1931 dans le village espagnol de Don Benito. Cette date qui suscite chaque printemps tant de farces et de malices n'est sans doute pas innocente dans le déroulement de sa destinée.

Il a fondé, en collaboration avec Desclozeaux et Bonnot, la S.P.H., Société Protectrice de l'Humour. Tous trois ont organisé, en Avignon, des expositions mobilisant des dessinateurs du monde entier.

Avant de décider du sort de ses dessins, Puig Rosado les soumet à la critique de ses deux filles. Puis il les publie, dans *Le Nouvel Observateur* ou *Le Canard enchaîné*. Il travaille pour des agences de publicité et des maisons d'édition, réalise des films pour la télévision et expose son œuvre personnelle dans plusieurs pays

ISBN : 2-07-051330-0
Loi n° 49-956 du 16 juillet 1949
sur les publications destinées à la jeunesse

© Éditions de la Table Ronde, 1967, pour le texte
© Éditions Gallimard, 1980, pour les illustrations
© Éditions Gallimard, 1987, pour le supplément
© Éditions Gallimard Jeunesse, 1997, pour la présente édition
Dépôt légal : novembre 2006
1er dépôt légal dans la même collection : septembre 1987
N° d'édition : 148368 – N° d'impression : 81821
Imprimé en France sur les presses de la Société Nouvelle Firmin-Didot

# Pierre Gripari

# La sorcière de la rue Mouffetard

## et autres contes de la rue Broca

Illustrations de Puig Rosado

**La Table Ronde**

# Préface

Les enfants comprennent tout, cela est bien connu. S'il n'y avait qu'eux pour lire ce livre, l'idée ne me viendrait même pas d'y écrire une préface. Mais je soupçonne, hélas, que ces contes seront lus également par des grandes personnes. En conséquence, je crois devoir donner quelques explications.

La rue Broca n'est pas une rue comme les autres. Si vous prenez un plan de Paris, vous verrez — ou vous croirez voir — que la rue Pascal et la rue Broca coupent à angle droit le boulevard de Port-Royal. Si, confiants dans cette indication, vous prenez votre voiture et enfilez ledit boulevard en espérant tourner dans l'une ou l'autre de ces rues, vous pourrez cent fois de suite faire la navette entre l'Observatoire et les Gobelins, vous ne les trouverez pas.

La rue Broca, la rue Pascal sont donc des mythes ? me direz-vous. Que non ! Elles existent bel et bien. Et elles vont bien, en droite ligne ou presque, du boulevard Arago à la rue Claude-

Bernard. *Donc elles* devraient *couper le boule vard de Port-Royal.*

*L'explication de cette anomalie, vous ne la trouverez pas sur le plan, parce que le plan n'est qu'à deux dimensions. Tel l'univers d'Einstein, Paris, en cet endroit, présente une courbure, et passe, pour ainsi dire, au-dessus de lui-même. Je m'excuse d'employer ici le jargon de la science-fiction, mais vraiment il n'y a pas d'autres mots : la rue Broca, comme la rue Pascal, est une dépression, une rainure, une plongée dans le sub-espace à trois dimensions.*

*A présent, laissez votre voiture au garage et reprenez le boulevard de Port-Royal, mais à pied cette fois-ci. Partez des Gobelins et allez de l'avant, sur le trottoir de votre choix. A un certain moment, vous vous apercevrez que la file de maisons qui borde le boulevard présente une lacune. Au lieu de côtoyer, comme d'habitude, une boutique ou un mur d'immeuble, vous côtoyez le vide, un vide bordé d'un garde-fou pour vous empêcher d'y tomber. Non loin de là, sur le même trottoir, s'ouvre la bouche d'un escalier qui semble s'enfoncer dans les entrailles de la terre, comme celui du métro. Descendez-le sans crainte. Une fois en bas, vous n'êtes pas sous terre : vous êtes dans la rue Pascal. Au-dessus de vous, quelque chose qui ressemble à un pont. Ce pont, c'est le boulevard de Port-Royal, que vous venez de quitter.*

Un peu plus loin des Gobelins, le même phénomène se reproduit, mais cette fois pour la rue Broca.

Cela est bizarre, mais cela est.

Maintenant, laissons de côté la rue Pascal, qui est trop droite, trop large, trop courte aussi pour pouvoir accrocher le mystère, et parlons de la rue Broca seule.

Cette rue est courbe, étroite, tortueuse et encaissée. De par l'anomalie spatiale que je viens de signaler, bien qu'à chacune de ses extrémités elle débouche sur Paris, elle n'est pas tout à fait Paris. Peu éloignée, mais sur un autre plan, souterraine en plein air, elle constitue, à elle seule, comme un petit village. Pour les gens qui l'habitent, cela crée un climat tout à fait spécial.

D'abord, ils se connaissent tous, et chacun d'eux sait à peu près ce que font les autres et à quoi ils s'occupent, ce qui est exceptionnel dans une ville comme Paris.

Ensuite ils sont, pour la plupart, d'origines très diverses, et rarement parisienne. J'ai rencontré, dans cette rue, des Kabyles, des Pieds-noirs, des Espagnols, des Portugais, des Italiens, un Polonais, un Russe... même des Français !

Enfin, les gens de la rue Broca ont encore quelque chose en commun : ils aiment les histoires.

J'ai eu bien des malheurs dans ma carrière lit

téraire, dont j'attribue la plus grande partie au fait que le Français en général — et en particulier le Parisien — n'aime pas les histoires. Il réclame la vérité ou, à défaut, la vraisemblance, le réalisme. Alors que moi, les seules histoires qui m'intéressent vraiment sont celles dont je suis sûr, dès le début, qu'elles ne sont jamais arrivées, qu'elles n'arriveront jamais, qu'elles ne peuvent pas arriver. J'estime qu'une histoire impossible, du seul fait qu'elle n'a pas, pour se justifier d'être, une quelconque prétention documentaire ou idéologique, a toutes les chances de contenir beaucoup plus de vérité profonde qu'une histoire simplement plausible. En quoi je suis peut-être — je dis ça pour me consoler — plus réaliste à ma manière que tous ces gens qui croient aimer la vérité, et qui passent leur vie à se laisser bêtement imposer des mensonges insipides — vraisemblables justement dans la mesure où ils sont insipides !

Et maintenant — une fois n'est pas coutume — voici une histoire vraie :

Au numéro 69 de la rue Broca (je sais, je sais ! On va encore m'accuser de Dieu sait quel sous-entendu paillard ! Et pourtant je n'y peux rien : c'est au 69, ce n'est pas au 67 ni au 71. Si vous aimez les vérités, en voilà une !) Je disais donc : au numéro 69 de la rue Broca, il y a une épicerie-buvette dont le patron, Papa Saïd, est un Kabyle marié à une Bretonne. A l'époque dont je parle, il avait quatre enfants : trois filles et un garçon (il en a eu un cinquième depuis). L'aînée des filles s'appelle Nadia, la seconde Malika, la troisième Rachida, et le petit garçon, qui était alors le dernier-né, s'appelle Bachir.

A côté de la buvette, il y a un hôtel. Dans cet hôtel, entre autres locataires, habite un certain monsieur Riccardi, italien comme son nom l'indique, également père de quatre enfants, dont l'aîné s'appelle Nicolas et le dernier, la petite dernière plutôt, s'appelle Tina.

Je ne cite pas d'autres noms, ce qui serait inutile et ne ferait qu'embrouiller.

Nicolas Riccardi jouait souvent dans la rue avec les enfants de Saïd, parce que son père était lui-même client de l'épicerie. Cela durait depuis un certain temps, et nul n'aurait songé à écrire tout cela dans un livre si, un beau jour, un étrange personnage n'avait fait son apparition dans le secteur.

On l'appelait monsieur Pierre. Il était plutôt grand, châtain, coiffé en hérisson, les yeux marron et verts, et portait des lunettes. Il avait tous les jours une barbe de deux jours (on se demandait même comment il pouvait faire pour l'entretenir dans cet état qui, pour une barbe, devrait être un état provisoire) et ses vêtements, quels qu'ils fussent, paraissaient toujours à la veille de tomber en lambeaux. Il avait quarante ans, était célibataire et habitait là-haut, boulevard de Port-Royal.

Il ne hantait la rue Broca que pour venir à la buvette, mais il y venait souvent, et à toute heure du jour. Ses goûts, d'ailleurs, étaient modestes : il semblait se nourrir principalement de biscuits et de chocolat, aussi de fruits lorsqu'il y en avait, le tout accompagné de force cafés-crème ou de thé à la menthe.

Quand on lui demandait ce qu'il faisait, il répondait qu'il était écrivain. Comme ses bouquins ne se voyaient nulle part, et surtout pas chez les libraires, cette réponse ne satisfaisait personne, et la population de la rue Broca se demanda longtemps de quoi il pouvait vivre.

Quand je dis la population, je veux dire les adultes. Les enfants, eux, ne se demandaient rien, car ils avaient tout de suite compris : monsieur Pierre cachait son jeu, ce n'était pas un homme comme les autres, c'était en vérité une vieille sorcière !

Quelquefois, pour le démasquer, ils se mettaient à danser devant lui en criant :

— Vieille sorcière à la noix de coco !

Ou encore :

— Vieille sorcière aux bijoux en caoutchouc !

Aussitôt monsieur Pierre jetait le masque, et devenait ce qu'il était : il s'enveloppait la tête dans sa gabardine, le visage restant seul découvert, laissait glisser ses grosses lunettes jusqu'au bout de son nez crochu, grimaçait affreusement, et fonçait sur les gosses, toutes griffes dehors, avec un ricanement aigu, strident, nasal, comme pourrait l'être celui d'une vieille chèvre.

Les enfants s'enfuyaient, comme s'ils avaient très peur — mais en réalité ils n'avaient pas si peur que ça, car lorsque la sorcière les serrait d'un peu près, ils se retournaient contre elle et la battaient ; en quoi ils avaient bien raison, car c'est ainsi qu'il faut traiter les vieilles sorcières. Elles ne sont dangereuses qu'autant qu'on les craint. Démasquées et bravées, elles deviennent plutôt drôles. Il est alors possible de les apprivoiser.

Il en fut ainsi avec monsieur Pierre. Quand les enfants l'eurent obligé à se révéler, tout le monde (à commencer par lui) fut grandement soulagé, et des relations normales ne tardèrent pas à s'établir.

Un jour que monsieur Pierre était assis à une table, en compagnie de son éternel café-crème, les enfants près de lui, voici que, de lui-même, il se mit à leur raconter une histoire. Le lendemain, sur leur demande, il en raconta une autre, et puis, les jours suivants, d'autres encore. Plus il en racontait, plus les enfants lui en demandaient. Monsieur Pierre dut se mettre à relire tous les recueils de contes qu'il avait lus depuis son enfance, à seule fin de pouvoir satisfaire son public. Il raconta les contes de Perrault, des *contes d'Andersen, de Grimm, des contes russes, des contes grecs, français, arabes... et les enfants en réclamaient toujours.*

*Au bout d'un an et demi, n'ayant plus rien à raconter, monsieur Pierre leur fit une proposition : on se réunirait, tous les jeudis après-midi, et l'on inventerait ensemble des histoires toutes neuves. Et si l'on en trouvait assez, on en ferait un livre.*

*Ce qui fut fait, et c'est ainsi que vint au monde le présent recueil.*

*Les histoires qu'il contient ne sont donc pas de monsieur Pierre tout seul[1]. Elles ont été improvisées par lui, avec la collaboration de son public, et ceux qui n'ont jamais créé dans ces conditions imagineront difficilement tout ce que les enfants peuvent apporter d'idées concrètes, de trouvailles poétiques et même de situations dramatiques, d'une audace quelquefois surprenante.*

*Je donne quelques exemples, et tout d'abord* les premières phrases de La Paire de chaussures :

Il était une fois une paire de chaussures qui étaient mariées ensemble. La chaussure droite, qui était le monsieur, s'appelait Nicolas, et la chaussure gauche, qui était la dame, s'appelait Tina.

*Ces quelques lignes, où tout le conte est en*

---

1. Je mets à part le dernier conte, qui est inspiré du folklore russe.

germe, sont du jeune Nicolas Riccardi, dont la petite sœur s'appelle effectivement Tina.

Scoubidou, la poupée qui sait tout, a vraiment existé, de même que la guitare, qui fut l'amie fidèle de la patate. Et, à l'heure où j'écris, le petit cochon futé sert encore de tirelire dans la buvette de Papa Saïd.

Sur le comptoir de cette même buvette, il y eut aussi, en 1965, un bocal avec deux petits poissons : un rouge, et l'autre jaune tacheté de noir. Ce fut Bachir qui s'avisa, le premier, que ces poissons pouvaient être « magiques », et c'est pourquoi ils apparaissent dans La Sorcière du placard aux balais.

Quant à ceux qui diront que ces histoires sont trop sérieuses pour des enfants, je leur réponds par avance à l'aide d'un dernier exemple :

Dans une première version du conte intitulé La Maison de l'oncle Pierre, mon fantôme s'apercevait qu'il était un fantôme au fait que la petite fille s'amusait à passer la main à travers sa jambe impalpable. Ce fut Nadia, la fille aînée de Papa Saïd, qui eut l'idée géniale de faire asseoir la petite fille dans le même fauteuil que le fantôme, de sorte que celui-ci, en se réveillant, la voit dans son ventre. Ces derniers mots sont de Nadia elle-même. Les grandes personnes apprécient-elles la portée symbolique de cette merveilleuse image, et sa beauté morale ? Ce pauvre vieux fantôme, type achevé du célibataire aigri, rétréci, racorni, le voilà révélé à lui-même, le voilà qui accède à la liberté, à la vérité, à la générosité, le voilà délivré en un mot, et cela à partir du moment où, symboliquement, il devient mère. *Mon ami Nietzsche, lui aussi, parle, je ne sais plus où, des hommes mères... Il fallait une petite fille pour avoir une idée pareille !*

*Mais je m'arrête ici, car ce serait tout de même un peu fort si, dans un livre pour enfants, la préface destinée aux adultes devait prendre à elle seule plus de place qu'un conte de moyenne longueur !*

*Aussi bien, je n'ai plus rien à dire, si ce n'est que je souhaite bonne lecture à mes petits amis de la rue Broca, d'ailleurs et de partout.*

1966.

# La sorcière
# de la rue Mouffetard

Il y avait une fois, dans le quartier des Gobelins, à Paris, une vieille sorcière, affreusement vieille, et laide, mais qui aurait bien voulu passer pour la plus belle fille du monde !

Un beau jour, en lisant le *Journal des sorcières,* elle tomba sur le communiqué suivant :

> *MADAME*
> *Vous qui êtes VIEILLE et LAIDE*
> *Vous deviendrez JEUNE et JOLIE !*
> *Et pour cela :*
> *MANGEZ UNE PETITE FILLE*
> *à la sauce tomate !*

Et plus bas, en petites lettres :

> *Attention !*
> *Le prénom de cette petite fille*
> *devra obligatoirement commencer*
> *par la lettre N !*

Or il y avait, dans ce même quartier, une petite fille qui s'appelait Nadia. C'était la fille aînée de Papa Saïd (je ne sais pas si vous connaissez) qui tenait l'épicerie-buvette de la rue Broca.

— Il faut que je mange Nadia, se dit la sorcière.

Un beau jour que Nadia était sortie pour aller chez le boulanger, une vieille dame l'arrêta :

— Bonjour, ma petite Nadia !

— Bonjour, Madame !

— Veux-tu me rendre un service ?

— Lequel ?

— Ce serait d'aller chercher pour moi une boîte de sauce tomate chez ton papa. Cela m'éviterait d'y aller, je suis si fatiguée !

Nadia, qui avait bon cœur, accepta tout de suite. Sitôt qu'elle fut partie, la sorcière — car c'était elle — se mit à rire en se frottant les mains :

— Oh ! que je suis maligne ! disait-elle. La petite Nadia va m'apporter elle-même la sauce pour la manger !

Une fois rentrée chez elle avec le pain, Nadia prit sur le rayonnage une boîte de sauce tomate, et elle se disposait à repartir, lorsque son papa l'arrêta :

— Et où vas-tu, comme ça ?

— Je vais porter cette boîte de sauce tomate à une vieille dame qui me l'a demandée.

— Reste ici, dit Papa Saïd. Si ta vieille dame a besoin de quelque chose, elle n'a qu'à venir elle-même.

Nadia, qui était très obéissante, n'insista pas. Mais le lendemain, en faisant les courses, elle fut, pour la seconde fois, arrêtée par la vieille :

— Eh bien, Nadia ? Et ma sauce tomate ?

— Je m'excuse, dit Nadia, toute rougissante, mais mon papa n'a pas voulu. Il dit que vous veniez vous-même.

— C'est bon, dit la vieille, j'irai.

Le jour même en effet, elle entrait dans l'épicerie :

— Bonjour, monsieur Saïd.

— Bonjour, Madame. Vous désirez ?

— Je voudrais Nadia.

— Hein ?

— Oh, pardon ! Je voulais dire : une boîte de sauce tomate.

— Ah, bon ! Une petite ou une grande ?

— Une grande, c'est pour Nadia...

— Quoi ?

— Non, non ! Je voulais dire : c'est pour manger des spaghetti...

— Ah, bien ! Justement, j'ai aussi des spaghetti...

— Oh, ce n'est pas la peine, j'ai déjà Nadia...

— Comment ?

— Excusez-moi, je voulais dire : les spaghetti, je les ai déjà chez moi...

— En ce cas... voici la boîte.

La vieille prit la boîte, la paya, puis, au lieu de partir, se mit à la soupeser :

— Hum ! C'est peut-être un peu lourd... Est-ce que vous ne pourriez pas...

— Quoi ?

— Envoyer Nadia la porter chez moi ?

Mais Papa Saïd se méfiait.

— Non, Madame, nous ne livrons pas à domicile. Quant à Nadia, elle a autre chose à faire. Si cette boîte est trop lourde pour vous, eh bien, tant pis, vous n'avez qu'à la laisser !

— C'est bon, dit la sorcière, je l'emporte. Au revoir, monsieur Saïd !

— Au revoir, Madame !

Et la sorcière s'en fut, avec la boîte de sauce tomate. Une fois rentrée chez elle, elle se dit :

— J'ai une idée : demain matin, je vais aller rue Mouffetard, et je me déguiserai en marchande. Lorsque Nadia viendra faire les courses pour ses parents, je l'attraperai.

Le lendemain, elle était rue Mouffetard, déguisée en bouchère, lorsque Nadia vint à passer.

— Bonjour, ma petite fille. Tu veux de la viande ?

— Ah non, Madame, je viens acheter un poulet.

— Zut ! pensa la sorcière.

Le lendemain, elle se déguisait en marchande de volaille.

— Bonjour, petite. Tu m'achètes un poulet ?

— Ah non, Madame. Aujourd'hui je veux de la viande.

— Crotte ! pensa la sorcière.

Le troisième jour, déguisée à nouveau, elle vendait à la fois de la viande et de la volaille.

— Bonjour, Nadia, bonjour ma petite fille ! Qu'est-ce que tu veux ? Tu vois, aujourd'hui, je vends de tout : du bœuf, du mouton, du poulet, du lapin...

— Oui, mais moi, je veux du poisson !

— Flûte !

Rentrée chez elle, la sorcière réfléchit, réfléchit, puis elle eut une nouvelle idée :

— Eh bien, puisque c'est comme ça, demain matin, je deviendrai, à moi toute seule, TOUTES les marchandes de la rue Mouffetard !

Et en effet, le jour suivant, toutes les marchandes de la rue Mouffetard (il y en avait exactement 267), c'était elle.

Nadia vint, comme à l'ordinaire, s'approcha sans méfiance d'un éventaire de légumes pour acheter, cette fois, des haricots verts, et elle allait payer quand la marchande la saisit par le poignet, l'enleva et hop ! l'enferma dans le tiroir-caisse.

Mais heureusement Nadia avait un petit frère.

qui s'appelait Bachir. Voyant que sa grande sœur ne rentrait pas, Bachir se dit .

— C'est sûrement la sorcière qui l'a prise, il faut que j'aille la délivrer.

Il prit sa guitare à la main, et s'en fut rue Mouffetard. En le voyant arriver, les 267 marchandes (qui étaient la sorcière) se mirent à crier :

— Où vas-tu comme ça, Bachir ?

Bachir ferma les yeux et répondit .

— Je suis un pauvre musicien aveugle et je voudrais chanter une petite chanson pour gagner quelques sous.

— Quelle chanson ? demandèrent les marchandes.

— Je veux chanter une chanson qui s'appelle : *Nadia, où es-tu ?*

— Non, pas celle-là ! Chantes-en une autre !

— Mais je n'en sais pas d'autre !

— Alors, chante-la tout bas !

— C'est entendu ! Je chanterai tout bas !

Et Bachir se mit à chanter tout haut :

> *Nadia, où es-tu ?*
> *Nadia, où es-tu ?*
> *Réponds, que je t'entende !*
> *Nadia, où es-tu ?*
> *Nadia, où es-tu ?*
> *Car je ne te vois plus !*

— Moins fort ! Moins fort ! crièrent les 267 marchandes. Tu nous casses les oreilles !

Mais Bachir continuait de chanter :

*Nadia, où es-tu ?*
*Nadia, où es-tu ?*

Quand tout à coup une petite voix lui répondit :

*Bachir, Bachir, délivre-moi*
*Ou la sorcière me tuera !*

En entendant ces mots, Bachir ouvrit les yeux, et les 267 marchandes sautèrent sur lui en criant :

— C'est un faux aveugle ! C'est un faux aveugle !

Mais Bachir, qui était courageux, brandit sa petite guitare et assomma d'un coup la marchande la plus proche. Elle tomba raide, et les 266 autres tombèrent en même temps qu'elle, assommées elles aussi.

Alors Bachir entra dans toutes les boutiques, l'une après l'autre, en chantant :

*Nadia, où es-tu ?*
*Nadia, où es-tu ?*

Pour la seconde fois, la petite voix lui répondit :

*Bachir, Bachir, délivre-moi*
*Ou la sorcière me tuera !*

Cette fois, il n'y avait plus de doute : la voix venait de chez la marchande de légumes. Bachir sauta dans la boutique par-dessus l'étalage, au moment même où la marchande, sortant de son évanouissement, ouvrait un œil. Et en même temps qu'elle, les 266 autres ouvraient également l'œil. Heureusement, Bachir s'en aperçut et, d'un coup de guitare bien appliqué, il les rendormit pour quelques minutes.

Ensuite, il essaya d'ouvrir le tiroir-caisse, cependant que Nadia continuait à chanter :

*Bachir, Bachir, délivre-moi*
*Ou la sorcière me tuera !*

Mais le tiroir était trop dur, cela n'avançait pas. Nadia chantait, et Bachir travaillait, et pendant ce temps les 267 marchandes se réveillaient. Mais cette fois-ci, elles se gardaient bien d'ouvrir les yeux ! Elles restaient les yeux fermés, au contraire, et elles s'approchaient en rampant de la boutique où Bachir travaillait, afin de le cerner.

Comme Bachir, épuisé, ne savait plus que

faire, il vit passer un grand marin , tout jeune et très costaud, qui descendait la rue.

— Bonjour, marin. Veux-tu me rendre un service ?

— Lequel ?

— Ce serait de porter ce tiroir-caisse jusque chez nous. Ma sœur est enfermée dedans.

— Et qu'est-ce que j'aurai, comme récompense ?

— Tu auras l'argent, et moi j'aurai ma sœur.

— D'accord !

Bachir souleva le tiroir-caisse, et allait le passer au marin, quand la marchande de légumes, qui s'était approchée tout doucement, l'attrapa par un pied et se mit à glapir :

— Ah brigand, je te tiens !

Bachir perdit l'équilibre, et laissa échapper le tiroir-caisse. Celui-ci, qui était très lourd, tomba en plein sur la tête de la marchande et, de ce coup-là, les 267 marchandes eurent, toutes en même temps, le crâne fracassé, ouvert, avec toute la cervelle qui sortait. Cette fois, la sorcière était morte, et bien morte.

Ce n'est pas tout : sous le choc, le tiroir s'ouvrit, et Nadia en sortit.

Elle embrassa son petit frère, le remercia, et tous deux retournèrent chez leurs parents, pendant que le marin ramassait, dans le sang, l'argent de la sorcière.

# Le géant
# aux chaussettes rouges

Il était une fois un géant qui avait des chaussettes rouges. Il était haut comme trois étages et vivait sous la terre.

Un beau jour, il se dit :

— C'est ennuyeux de rester garçon ! Je vais faire un tour là-haut et tâcher de me marier.

Sitôt dit, sitôt fait : il fit un grand trou dans la terre au-dessus de sa tête... mais par malheur, au lieu de tomber en pleins champs, il déboucha au milieu d'un village.

Dans ce village, il y avait une jeune fille qui s'appelait Mireille, et qui aimait beaucoup les œufs à la coque. Ce matin-là, elle était justement à table avec un œuf dans son coquetier, et elle s'apprêtait à l'ouvrir avec une petite cuiller.

Au premier coup de cuiller, la maison se mit à trembler.

— Tiens ! Je suis donc devenue forte ? pensa Mireille.

Au second coup de cuiller, la maison se mit à bouger.

— Si je continue comme ça, pensa-t-elle, je vais tout démolir. Je ferais peut-être mieux de m'arrêter.

Mais comme elle avait faim, et qu'elle aimait beaucoup les œufs à la coque, elle décida quand même de continuer.

Au troisième coup qu'elle donna sur l'œuf, toute la maison sauta en l'air, comme un bouchon de champagne, et, à la place, sortie de terre, la tête du géant apparut.

La jeune fille, elle aussi, fut projetée en l'air. Par bonheur, elle retomba dans les cheveux du géant, de sorte qu'elle ne se fit point de mal.

Mais voilà qu'en se peignant avec ses doigts pour faire tomber les gravats de sa tête, le géant la sentit qui remuait :

— Tiens ! pensa-t-il. Qu'est-ce que j'ai là ? On dirait une bête !

Il attrapa la bête et la regarda de près :

— Qui es-tu, toi ?

— Je suis une jeune fille.

— Comment t'appelles-tu ?

— Mireille.

— Mireille, je t'aime. Je voudrais t'épouser.

— Pose-moi d'abord à terre, et je te répondrai.

Le géant la posa par terre, et Mireille s'enfuit à toutes jambes en criant : Aaaaaaaaaah !

— Qu'est-ce qu'elle veut dire par là ? se demanda le géant. Ce n'est pas une réponse !

Cependant, il finissait de sortir de terre. Il

retapait son pantalon lorsque survinrent le maire du village et monsieur le curé. Ils étaient tous les deux très fâchés.

— Qu'est-ce que c'est que ça ? En voilà des manières ! Sortir de terre, comme ça, au beau milieu d'une agglomération... Où vous croyez-vous donc ?

Je m'excuse, répondit le géant, je ne l'ai pas fait exprès, je vous assure.

— Et cette pauvre Mireille ! dit le curé. Sa maison, qui est toute démolie !

— Si ce n'est que ça, dit le géant, ce n'est pas grave ! Le bâtiment, c'est ma partie !

Et là-dessus il prononça ces paroles magiques :

— Par la vertu de mes chaussettes rouges, que la maison de Mireille soit reconstruite !

Et aussitôt, la maison redevint comme avant, avec ses murs, ses portes, ses fenêtres, ses meubles, ses poussières, même ses toiles d'araignée ! L'œuf à la coque était de nouveau tout chaud, dans son coquetier, prêt à être mangé !

— C'est bien, dit le curé, radouci. Je vois qu'au fond vous n'êtes pas méchant. Maintenant, allez-vous en.

— Une minute, dit le géant. J'ai quelque chose à vous demander.

— Quoi donc ?

— Je voudrais épouser Mireille.

— C'est impossible, dit le cure.

— Et pourquoi, impossible ?

— Parce que vous êtes trop grand. Vous ne pourriez pas entrer dans l'église.

— C'est vrai que l'église est bien petite, dit le géant. Et si je soufflais dedans pour l'agrandir un peu ?

— Ce serait de la triche, dit le curé. L'église doit rester comme elle est. C'est à vous de rape tisser.

— Mais je ne demande pas mieux ! Comment faire, pour rapetisser ?

Il y eut un silence. Le maire et le curé se regardèrent.

— Ecoutez, dit le curé, vous m'êtes sympathique. Allez voir de ma part le grand sorcier chinois. Moi, pendant ce temps, je parlerai à Mireille. Revenez dans un an, et elle sera prête à vous épouser. Mais attention ! Elle n'attendra pas plus d'un an !

— Et où habite-t-il, votre sorcier chinois ?

— En Chine.

— Merci.

Et le géant se mit en route. Il lui fallut trois mois pour arriver en Chine, et encore trois mois pour trouver le sorcier. Pendant ce temps, il apprenait la langue chinoise. Une fois devant la maison du sorcier, il frappa à la porte. Le sorcier vint ouvrir et le géant lui dit :

— Yong tchotchotcho kong kong ngo.

Ce qui, en chinois, signifie : « C'est bien vous le grand sorcier ? » A quoi le sorcier répondit, sur un ton légèrement différent :

— Yong tchotchotcho kong kong ngo.

Ce qui veut dire : « Oui, c'est moi. Et alors ? »

(Le chinois, c'est comme ça : on peut tout dire avec une seule phrase, il suffit de changer l'intonation.)

— Je voudrais rapetisser, dit le géant, toujours en chinois.

— C'est bon, dit le Chinois en chinois également, attendez une minute.

Il rentra, puis revint avec un verre de potion magique. Mais le verre était trop petit, le géant ne le voyait même pas. Alors le sorcier disparut de nouveau, puis revint avec une bouteille. Mais la bouteille était trop petite, le géant ne pouvait même pas la saisir.

Le sorcier eut alors une idée. Il roula hors de la maison le grand tonneau de potion magique, puis il le mit debout et en fit sauter l'un des fonds. Le géant but dans le tonneau comme nous dans un verre.

Quand il eut bu, il attendit. Or, non seulement il garda la même taille, mais ses chaussettes, de rouges qu'elles étaient, devinrent vertes. Le grand sorcier chinois s'était tout simplement trompé de potion.

Alors le géant entra dans une grande colère et se mit à crier très fort :

- Yong tchotchotcho kong kong ngo !

Ce qui veut dire · « Est-ce que tu te moques de moi ? »

Le Chinois s'excusa et revint avec un deuxième tonneau, que le géant but, et ses chaussettes devinrent rouges comme avant.

— Et maintenant, fais-moi rapetisser, dit le géant au Chinois, toujours en chinois.

— Je regrette, dit le Chinois, mais je n'ai plus de potion.

— Mais alors, comment je vais faire ? s'écria le géant, d'un ton désespéré.

— Ecoutez, dit le Chinois, vous m'êtes sympathique. Allez voir de ma part le grand sorcier breton.

— Et où habite-t-il, votre sorcier breton ?

— En Bretagne.

Alors le géant s'éloigna en disant :

— Yong tchotchotcho kong kong ngo.

Ce qui veut dire ! « Merci ! » Et le Chinois le regarda partir en répondant :

— Yong tchotchotcho kong kong ngo !

Ce qui veut dire · « Pas de quoi. Bon voyage ! »

Trois mois plus tard, le géant arrivait en Bretagne. Il lui fallut un mois encore pour trouver le sorcier breton.

— Que voulez-vous ? demanda le sorcier

Le géant répondit :

— Yong tchotchotcho kong kong ngo.

— Pardon ?

— Excusez-moi, dit le géant, je me croyais encore en Chine. Je voulais dire : Pourriez-vous me faire rapetisser ?

— C'est très facile, dit le sorcier breton.

Il rentra chez lui, puis ressortit avec un tonneau de potion magique.

— Tenez, buvez.

Le géant but, mais au lieu de rapetisser, il se mit à grandir, et fut bientôt deux fois plus gros qu'avant.

— Oh, pardon ! dit le sorcier, je me suis trompé de tonneau. Ne bougez pas une minute !

Il disparut, puis il revint avec un second tonneau.

— Tenez, buvez, dit-il.

Le géant but, et... en effet. Il revint à sa taille ordinaire.

— Cela ne suffit pas, dit-il. Je dois devenir aussi petit qu'un homme.

— Ah, ça, c'est impossible, dit le sorcier, je n'ai plus de potion. Revenez dans six mois.

— Mais je ne peux pas ! dit le géant. D'ici deux mois, je dois rejoindre ma fiancée !

Et là-dessus il se mit à pleurer.

— Ecoutez, dit le sorcier, vous m'êtes sympathique, et d'ailleurs tout cela c'est ma faute. Aussi, je vais vous donner un bon conseil. Allez donc de ma part chez le pape de Rome.

— Et où habite-t-il, ce pape de Rome ?

— A Rome.

— Merci beaucoup.

Un mois plus tard, le géant arrivait à Rome. Il lui fallut encore quinze jours pour trouver la maison du pape. Une fois qu'il l'eut trouvée, il sonna à la porte. Au bout de quelques secondes, le pape vint ouvrir.

— Monsieur... Vous désirez ?

— Je veux, dit le géant, devenir aussi petit qu'un homme.

— Mais je ne suis pas sorcier !

— Pitié, monsieur le pape ! Ma fiancée m'attend dans quinze jours !

— Eh bien, alors ?

— Eh bien alors, si je suis trop grand, je ne pourrai pas entrer dans l'église pour l'épouser !

En entendant ces mots, le pape fut tout ému :

— Comme c'est touchant ! dit-il. Écoutez, mon ami, vous m'êtes sympathique, je vais tâcher de faire quelque chose pour vous.

Le pape rentra chez lui, décrocha le téléphone, et composa, sur le cadran, les trois lettres : S.V.M.

Vous le savez peut être, quand on fait S.V.P., on obtient les Renseignements. Mais, ce que vous ne savez pas, c'est que quand on fait S.V.M., on obtient la Sainte Vierge Marie. Si vous ne me croyez pas, profitez donc d'un jour où vos parents seront sortis, et essayez !

Et en effet, au bout de quelques instants, une petite voix se fit entendre :

— Allô ! Ici la Sainte Vierge. Qui est à l'appareil ?

— C'est moi, le pape de Rome !

— C'est vous ? Ah, quel plaisir ! Et qu'est-ce que vous voulez ?

— Eh bien voilà : j'ai ici un géant, qui voudrait devenir aussi petit qu'un homme. Pour se marier, à ce qu'il dit...

— Est-ce qu'il n'a pas des chaussettes rouges, votre géant ?

— Si, Sainte Vierge ! Comment le savez-vous ?

— Eh bien voilà, je le sais !

— Vraiment, Sainte Vierge, vous êtes formidable !

— Merci, merci... Eh bien, dites-lui, à votre géant, qu'il donne ses chaussettes au blanchisseur et qu'il aille se tremper les deux pieds dans la mer en invoquant mon nom. Il verra bien ce qui lui arrivera !

— Merci, Sainte Vierge.

— Ce n'est pas tout ! Comme je prévois qu'il aura des ennuis, dites-lui qu'ensuite il pourra faire trois vœux, qui seront exaucés sur-le-champ. Mais attention ! Trois vœux, pas plus !

— Je lui dirai !

Et le pape répéta au géant ce que lui avait dit la Sainte Vierge.

Le jour même, le géant donna ses chaussettes au blanchisseur, puis il alla jusqu'au bord de la mer, il trempa ses pieds nus dans l'eau bleue et se mit à crier :

— Marie ! Marie ! Marie !

Plouf ! Aussitôt, il perdit pied. Il était devenu aussi petit qu'un homme. Il revint à la nage, se sécha au soleil, et retourna chez le blanchisseur :

— Bonjour, Monsieur, je viens chercher mes chaussettes rouges.

— Mais je n'ai pas de chaussettes rouges !

— Mais si ! La paire de chaussettes rouges de trois mètres de long...

— Vous voulez dire : les deux sacs de couchage ?

— Mais ce sont des chaussettes, je vous dis !

— Ecoutez, dit le blanchisseur, appelez ça comme vous voudrez, mais moi, quand je vois une chaussette dans laquelle je peux entrer tout entier, j'appelle ça un sac de couchage !

— Eh bien, donnez-les-moi !

Mais quand il voulut mettre ses chaussettes, le pauvre homme s'aperçut qu'elles lui venaient plus haut que la tête. Il se mit à pleurer :

— Qu'est-ce que je vais devenir ? Je ne suis plus géant, et, sans mes chaussettes rouges, je ne suis plus rien du tout ! Si seulement elles pouvaient se réduire à ma taille !

Il n'avait pas plus tôt dit ça que ses chaussettes rapetissaient, elles aussi, et qu'il pouvait les mettre. C'était son premier vœu qui se réalisait.

Tout heureux, il se rechaussa en remerciant la Sainte Vierge, après quoi il songea à s'en retourner.

Mais, comme il n'était plus géant, il ne pouvait revenir à pied au village de Mireille. Et d'autre part il n'avait pas d'argent pour prendre le train. De nouveau il fondit en larmes :

— Hélas ! Et je n'ai plus que quinze jours pour retrouver ma fiancée ! Si je pouvais être près d'elle !

Il n'avait pas plus tôt dit ça qu'il se trouvait dans la salle à manger de Mireille, au moment précis où cette dernière entamait un œuf à la coque. Dès qu'elle le vit, elle lui sauta au cou :

— Monsieur le curé m'a expliqué, lui dit-elle. Je sais tout ce que tu as fait pour moi, et aujourd'hui je t'aime. Dans six mois, nous nous marierons.

— Dans six mois seulement ? demanda l'homme aux chaussettes rouges.

Mais il pensa soudain qu'il lui restait un troisième vœu à faire, et il dit à haute voix :

— Que ce soit le jour de la noce !

Il n'avait pas plus tôt dit ça qu'il sortait de l'église, en chaussettes rouges et en bel habit noir, avec Mireille à son côté, toute vêtue de blanc.

Depuis ce jour ils vivent heureux. Ils ont

beaucoup d'enfants et lui, le père, gagne des sous pour toute la famille à construire des maisons, ce qui lui est facile, par la vertu de ses chaussettes rouges.

# La paire de chaussures

Il était une fois une paire de chaussures qui étaient mariées ensemble. La chaussure droite, qui était le monsieur, s'appelait Nicolas, et la chaussure gauche, qui était la dame, s'appelait Tina.

Elles habitaient une belle boîte en carton où elles étaient roulées dans du papier de soie. Elles s'y trouvaient parfaitement heureuses, et elles espéraient bien que cela durerait toujours.

Mais voilà qu'un beau matin une vendeuse les sortit de leur boîte afin de les essayer à une dame. La dame les mit, fit quelques pas avec, puis, voyant qu'elles lui allaient bien, elle dit :

— Je les achète.

— Faut-il vous les envelopper ? demanda la vendeuse.

— Inutile, dit la dame, je rentre avec.

Elle paya et sortit, avec les chaussures neuves aux pieds.

C'est ainsi que Nicolas et Tina marchèrent toute une journée sans se voir l'un l'autre. Le soir seulement ils se retrouvèrent dans un placard obscur.

— C'est toi, Tina ?

— Oui, c'est moi, Nicolas.

— Ah, quel bonheur ! Je te croyais perdue !

— Moi aussi. Mais où étais-tu ?

— Moi ? J'étais au pied droit.

— Moi, j'étais au pied gauche.

— Je comprends tout, dit Nicolas. Toutes les fois que tu étais en avant, moi, j'étais en arrière, et lorsque tu étais en arrière, moi, j'étais en avant. C'est pour cela que nous ne pouvions pas nous voir.

— Et cette vie-là va recommencer chaque jour ? demanda Tina.

— Je le crains !

— Mais c'est affreux ! Rester toute la journée sans te voir, mon petit Nicolas ! Je ne pourrai jamais m'y habituer !

— Ecoute, dit Nicolas, j'ai une idée : Puisque je suis toujours à droite et toi toujours à gauche, eh bien, chaque fois que j'avancerai, je ferai en même temps un petit écart de ton côté. Comme ça, nous nous dirons bonjour. D'accord ?

— D'accord !

Ainsi fit Nicolas, de sorte que, tout au long du jour suivant, la dame qui portait les chaussures ne pouvait plus faire trois pas sans que son pied droit vienne accrocher son talon gauche, et plaf ! à chaque fois, elle s'étalait par terre.

Très inquiète, elle alla, le jour même, consul
ter un médecin.

— Docteur, je ne sais pas ce que j'ai. Je me
fais des croche-pieds à moi-même !

— Des croche-pieds à vous-même ?

— Oui, docteur ! A chaque pas que je fais, ou
presque, mon pied droit accroche mon talon
gauche, et cela me fait tomber !

— C'est très grave, dit le docteur. Si cela continue, il faudra vous couper le pied droit. Tenez,
voici une ordonnance : vous en avez pour dix
mille francs de médicaments. Donnez-moi deux
mille francs pour la consultation, et revenez me
voir demain.

Le soir même, dans le placard, Tina demandait à Nicolas :

— Tu as entendu ce qu'a dit le docteur ?

— Oui, j'ai entendu.

— C'est affreux ! Si on coupe le pied droit de
la dame, elle te jettera, et nous serons séparés
pour toujours ! Il faut faire quelque chose !

— Oui, mais quoi ?

— Ecoute, j'ai une idée : puisque je suis à
gauche, c'est moi, demain, qui ferai un petit
écart à droite, à chaque fois que j'avancerai !
D'accord ?

— D'accord !

Ainsi fit-elle, de sorte que, tout au long du
deuxième jour, c'était le pied gauche qui accro-
chait le talon droit, et plaf ! la pauvre dame se

44

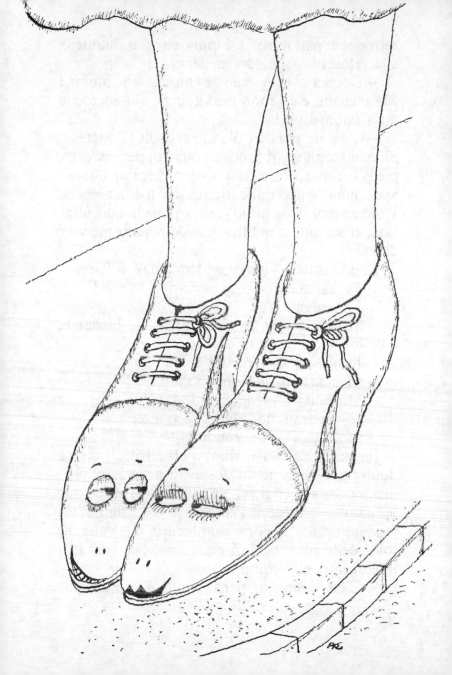

retrouvait par terre. De plus en plus inquiète elle retourna chez son médecin.

— Docteur, cela va de moins en moins ! Maintenant, c'est mon pied gauche qui accroche mon talon droit !

— C'est de plus en plus grave, dit le docteur. Si cela continue, il faudra vous couper les deux pieds ! Tenez, voici une ordonnance : vous en avez pour vingt mille francs de médicaments. Donnez-moi trois mille francs pour la consultation, et surtout, n'oubliez pas de revenir me voir demain !

Le soir même, Nicolas demandait à Tina :

— Tu as entendu ?

— J'ai entendu.

— Si l'on coupe les deux pieds de la dame, qu'allons-nous devenir ?

— Je n'ose pas y penser !

— Et pourtant, je t'aime, Tina !

— Moi aussi, Nicolas, je t'aime !

— Je voudrais ne jamais te quitter !

— Moi aussi, je le voudrais !

Ils parlaient ainsi, dans l'obscurité, sans se douter que la dame qui les avait achetés se promenait dans le couloir, en pantoufles, parce que les paroles du médecin l'empêchaient de dormir. En passant devant la porte du placard, elle entendit toute cette conversation et, comme elle était très intelligente, elle comprit tout.

— C'est donc ça, pensa-t-elle. Ce n'est pas

moi qui suis malade, ce sont mes chaussures qui s'aiment ! Comme c'est gentil !

Là-dessus, elle jeta à la boîte aux ordures les trente mille francs de médicaments qu'elle avait achetés et le lendemain elle dit à sa femme de ménage :

— Vous voyez cette paire de chaussures ? Je ne les mettrai plus, mais je veux les garder quand même. Alors cirez-les bien, entretenez-les bien, qu'elles soient toujours brillantes, et surtout ne les séparez jamais l'une de l'autre !

Restée seule, la femme de ménage se dit :

— Madame est folle, de garder ces chaussures sans les mettre ! Dans une quinzaine de jours, quand Madame les aura oubliées, je les volerai !

Quinze jours plus tard, elle les vola et se les mit aux pieds. Mais quand elle les eut mises, elle aussi commença à se faire des croche-pieds à elle-même. Un soir, dans l'escalier de service, comme elle descendait les ordures, Nicolas et Tina voulurent s'embrasser, et bada-boum ! Vlang ! Bing ! la femme de ménage se retrouva assise sur un palier, avec plein d'épluchures sur la tête, et une pelure de pomme de terre qui pendait, en spirale, sur son front, comme une boucle de cheveux.

— Ces chaussures sont sorcières, pensa-t-elle. Je ne les mettrai plus. Je vais les donner à ma nièce, qui est boiteuse !

C'est ce qu'elle fit. La nièce, qui était boiteuse, en effet, passait presque toute la journée assise sur une chaise, les pieds joints. Quand par hasard elle marchait, c'était si lentement qu'elle ne pouvait guère s'accrocher les pieds. Et les chaussures étaient heureuses car, même dans la journée, elles étaient le plus souvent côte à côte.

Cela dura longtemps. Malheureusement, comme la nièce était boiteuse, elle usait d'un côté plus vite que de l'autre.

Un soir, Tina dit à Nicolas :

— Je sens ma semelle qui devient fine, fine ! Je vais bientôt être percée !

— Ne fais pas ça ! dit Nicolas. Si on nous jette, nous allons être encore séparés !

— Je le sais bien, dit Tina, mais que faire ? Je ne peux pas m'empêcher de vieillir !

Et en effet, huit jours plus tard, sa semelle était trouée. La boiteuse acheta des chaussures neuves, et jeta Nicolas et Tina dans la boîte à ordures.

— Qu'allons-nous devenir ? demanda Nicolas.

— Je ne sais pas, dit Tina. Si seulement j'étais sûre de ne jamais te quitter !

— Approche-toi, dit Nicolas, et prends ma bride avec la tienne. De cette façon, nous ne serons pas séparés.

Ainsi firent-ils. Ensemble ils furent jetés à la poubelle, ensemble ils furent emportés par le camion des éboueurs, et abandonnés dans un terrain vague. Ils y restèrent ensemble jusqu'au jour où un petit garçon et une petite fille les y trouvèrent.

— Oh, regarde ! Les chaussures ! Elles sont bras dessus bras dessous !

— C'est qu'elles sont mariées ensemble, dit la petite fille.

Eh bien, dit le petit garçon, puisqu'elles sont mariées ensemble, elles vont faire leur voyage de noces !

Le petit garçon prit les chaussures, les cloua côte à côte sur une planche, puis il porta la planche au bord de l'eau et la laissa descendre, au fil du courant, vers la mer. Pendant qu'elle s'éloignait, la petite fille agitait son mouchoir en criant :

— Adieu, chaussures, et bon voyage !

C'est ainsi que Nicolas et Tina, qui n'attendaient plus rien de l'existence, eurent quand même un beau voyage de noces.

# Scoubidou, la poupée qui sait tout

Il était une fois un petit garçon qui s'appelait Bachir. Il avait une poupée en caoutchouc qui s'appelait Scoubidou, et un papa qui s'appelait Saïd.

Saïd était un bon papa, comme nous en connaissons tous, mais Scoubidou, elle, n'était pas une poupée comme les autres : elle avait des pouvoirs magiques. Elle marchait, elle parlait, comme une personne. De plus elle pouvait voir le passé, l'avenir, et deviner les choses cachées. Il suffisait, pour cela, qu'on lui bande les yeux.

Souvent, elle jouait aux dominos avec Bachir. Quand elle avait les yeux ouverts, elle perdait toujours, car Bachir jouait mieux qu'elle. Mais quand il lui bandait les yeux, c'était elle qui gagnait.

Un beau matin, Bachir dit à son père :

— Papa, je voudrais un vélo.

— Je n'ai pas assez d'argent, dit Papa Saïd. Et puis, si je t'achète un vélo maintenant, l'année prochaine, tu auras grandi, et il sera trop petit. Plus tard, dans un an ou deux, nous en reparlerons.

Bachir n'insista pas, mais le soir même il demandait à Scoubidou :

— Dis-moi, toi qui vois tout : quand est-ce que j'aurai un vélo ?

— Bande-moi les yeux, dit Scoubidou, et je vais te le dire.

Bachir prit un chiffon et lui banda les yeux. Scoubidou déclara aussitôt :

— Je vois un vélo, oui... Mais ce n'est pas pour tout de suite... C'est dans un an ou deux...

— Pas avant ?

— Pas avant !

— Mais moi, je le veux tout de suite ! cria Bachir avec emportement. Voyons : tu as des pouvoirs magiques, n'est-ce pas ?

— J'en ai, dit Scoubidou.

— Alors, oblige papa à m'acheter un vélo !

— Je veux bien essayer, mais ça ne marchera pas.

— Tant pis ! Essaie quand même !

— C'est bon : laisse-moi les yeux bandés toute la nuit, je vais essayer.

Et cette nuit-là, pendant que tous dormaient,

papa, maman, Bachir et ses grandes sœurs, Scoubidou, dans son coin, se mit à chanter à mi-voix :

> *Papa veut un vélo*
> *Un tout petit vélo*
> *Comme un poil de chameau*
> *Avec deux roues*
> *Poil de hibou*
> *Avec une selle*
> *Poil d'hirondelle*
> *Avec des freins*
> *Poil de lapin*
> *Avec un phare*
> *Poil de homard*
> *Et une sonnette*
> *Poil de crevette*
> *C'est pour Bachir*
> *Poil de tapir !*

Pendant toute la nuit, elle chanta cette chanson magique. Au petit jour, elle s'arrêta, car la magie était finie.

Ce matin-là, Papa Saïd s'en fut faire des courses rue Mouffetard. Pour commencer, il entra chez la boulangère :

— Bonjour, Madame.

— Bonjour, Papa Saïd. Qu'est-ce que vous voulez ?

— Je voudrais un vélo, dit Papa Saïd.

— Qu'est-ce que vous dites ?

— Voyons, qu'est-ce que je dis ? Je veux dire : un pain de deux livres.

Ensuite, Papa Saïd passa chez le boucher.

— Bonjour, Papa Saïd. Qu'est-ce que ce sera, pour aujourd'hui ?

— Un bon vélo d'une livre et demie, dit Papa Saïd.

— Ah, je regrette, dit le boucher. Je vends du bœuf, du mouton et du veau, mais je ne vends pas de vélo.

— Mais qu'est-ce que je raconte ? Bien sûr ' Je voulais dire : un bon rôti de bœuf !

Papa Saïd prit le rôti, paya, et fut ensuite chez la fruitière.

— Bonjour, Papa Saïd. Vous désirez ?

— Un kilo de vélos bien mûrs, dit Papa Saïd.

— Un kilo de quoi ? demanda la fruitière.

— Mais qu'est-ce que j'ai donc, aujourd'hui ? Un kilo de raisin blanc, s'il vous plaît !

Toute la journée, ce fut ainsi. Chaque fois que Papa Saïd entrait dans une boutique, il commençait par demander du vélo. Comme ça, sans le vouloir, c'était plus fort que lui. C'est ainsi qu'il demanda encore une boîte de vélos blancs chez l'épicier, une bonne tranche de vélo chez la crémière, et une bouteille de vélo de Javel chez le marchand de couleurs. A la fin, très inquiet, il entra chez son médecin.

— Eh bien, Papa Saïd, qu'est-ce qui ne va pas ?

— Eh bien voilà, dit Papa Saïd. Depuis ce matin, je ne sais pas ce qui m'arrive, mais chaque fois que j'entre chez un commerçant, je commence par lui demander un vélo. C'est malgré moi, je vous assure, je ne le fais pas exprès du tout ! Qu'est-ce que c'est que cette maladie ? Je suis très ennuyé, moi... Vous ne pourriez pas me donner un petit vélo... — Ça y est ! Ça recommence ! — Je veux dire un petit remède, pour que ça cesse ?

— Hahem, dit le docteur. Très curieux, très curieux vraiment... Dites-moi donc, Papa Saïd, vous n'auriez pas un petit garçon, par hasard ?

— Oui, docteur.

— Et ce petit garçon a envie d'un vélo...

— Comment le savez-vous ?

— Héhé ! C'est mon métier ! Et ce petit garçon n'aurait pas une poupée, par hasard ? Une poupée en caoutchouc qui s'appelle Scoubidou ?

— C'est vrai, docteur !

— Je m'en doutais ! Eh bien, méfiez-vous de cette poupée, Papa Saïd ! Si elle reste chez vous, elle vous obligera à acheter un vélo, que ça vous plaise ou non ! C'est trois mille francs !

— Oh non ! C'est bien plus cher que ça !

— Je ne vous parle pas du vélo, je vous parle de la consultation. Vous me devez trois mille francs.

— Ah, bon !

Papa Saïd paya le médecin, rentra chez lui, et dit au petit Bachir :

— Tu vas me faire le plaisir de chasser ta poupée, parce que moi, si je la trouve, je la jette au feu !

Aussitôt que Bachir et Scoubidou furent seuls :

— Tu vois, dit Scoubidou, je te l'avais bien dit, que ça ne devait pas marcher... Mais ne te désole pas. Je vais partir, et dans un an je reviendrai. A mon retour tu auras ton vélo. Cependant, avant de partir, j'ai besoin de quelque chose...

— De quoi ? demanda Bachir.

— Eh bien, quand je serai seule, tu ne seras plus là pour me bander les yeux... Alors je voudrais que tu me fasses une paire de lunettes avec des verres en bois.

— Mais je ne sais pas faire ça !

— Demande à ton papa.

Papa Saïd, qui était trop content de voir la poupée s'en aller, accepta de lui faire une paire de lunettes avec des verres en bois. Il découpa les verres avec une petite scie dans une plaque de contreplaqué, fit une monture en fil de fer et dit à Scoubidou :

— Essaye voir.

Scoubidou essaya les lunettes. Elles lui allèrent du premier coup.

— Très bien, patron, je vous remercie.

— Alors, maintenant, file ! dit Papa Saïd.

— C'est entendu. Au revoir, patron. Au revoir, Bachir.

Et Scoubidou s'en fut.

Elle voyagea longtemps, longtemps, marchant la nuit et se cachant le jour, afin de ne pas attirer l'attention. Au bout de trois semaines, elle arriva dans un grand port, sur les côtes de la Manche. Il faisait nuit. Un grand bateau était à quai, qui devait partir le lendemain au petit jour pour faire le tour du monde.

Scoubidou, ayant mis ses lunettes, se dit :

— Ce bateau me convient.

Elle remit ses lunettes dans sa poche, puis elle se posta au pied de la passerelle, et attendit.

Sur le coup de trois heures du matin, un marin, qui marchait en zigzag, s'approcha de la passerelle, et allait s'y engager quand il entendit, à ras de terre, une petite voix qui lui criait :

— Monsieur le marin ! Monsieur le marin !

— Qui est là ? demanda le marin.

— Moi, Scoubidou ! Je suis devant vos pieds. Attention, vous allez m'écraser !

Le marin se baissa :

— Tiens ! Comme c'est drôle ! Une poupée qui cause ! Et qu'est-ce que tu veux ?

— Je veux que vous m'emmeniez dans le bateau avec vous !

— Et `qu'est-ce que tu sais faire ?

— Je sais voir l'avenir, et prédire le temps qu'il fera.

— Vraiment ! Eh bien, dis-moi quel temps il fera demain matin !

— Une seconde, s'il vous plaît.

Scoubidou tira ses lunettes, les mit, puis elle dit sans hésiter :

Demain matin, il fera mauvais temps. Si mauvais temps que vous ne pourrez pas sortir du port.

Le marin éclata de rire :

— Ha ! Ha ! Tu n'y connais rien ! Il fera très beau temps, au contraire, et nous partirons à l'aube !

— Et moi je dis que vous ne pourrez pas partir !

— Eh bien, parions, veux-tu ? Si nous partons, je te laisse ici. Et si le mauvais temps nous en empêche, je t'emmène. D'accord ?

— D'accord.

Et en effet, le lendemain, à peine le soleil se montrait-il qu'un gros nuage apparut au nord-ouest et se mit à gagner si vite, si vite qu'en cinq minutes le ciel devint tout noir. Et la tempête se leva, si forte et si violente que le bateau dut rester au port.

Je n'y comprends rien, dit le capitaine. La météo avait pourtant annoncé du beau temps !

— Eh bien moi, dit le marin, je connais une poupée qui me l'avait prédit.

— Une poupée ? Tu n'as pas un peu bu, non ?

— J'ai beaucoup bu, dit le marin, mais ça n'empêche pas. C'est une petite poupée en caoutchouc, qui s'appelle Scoubidou.

— Et où est-elle, cette Scoubidou ?

— Là, sur le quai, je la vois d'ici.

— Fais-la venir.

Le marin se pencha sur la lisse et cria :

— Eh, Scoubidou ! Monte, veux-tu ? Le capitaine veut te parler !

Scoubidou une fois montée, le capitaine lui demanda :

— Qu'est-ce que tu sais faire au juste ?

Et Scoubidou lui répondit :

— Je sais dire le passé, l'avenir, et les choses cachées.

— Rien que ça ! Eh bien, dis-moi un peu ma situation de famille !

— Tout de suite !

Scoubidou, ayant mis ses lunettes, se mit à débiter très vite, comme si elle lisait :

— Vous avez une femme au Havre, avec un enfant blond. Vous avez une femme à Singapour, avec deux enfants jaunes. Vous avez une femme à Dakar, avec six enfants noirs...

— Assez ! Assez ! cria le capitaine. Je te prends avec moi ! N'en dis pas davantage !

— Et combien me donnerez-vous ? demanda Scoubidou.

— Ma foi, combien veux-tu ?

— Je veux cinq nouveaux francs par jour, pour acheter un vélo à Bachir.

— C'est convenu. Tu seras payée au retour.

Et c'est ainsi que Scoubidou s'embarqua pour le tour du monde. Le capitaine la pendit à la cloison, dans sa cabine, avec un ruban rose, et chaque matin il lui demandait :

— Quel temps fera-t-il aujourd'hui ?

Et grâce à ses lunettes, Scoubidou répondait sans jamais se tromper.

Le grand bateau fit le tour de l'Espagne, passa par l'Italie, par l'Egypte, par les Indes, par le Siam, traversa l'océan Pacifique, passa, par le canal de Panama, dans l'Atlantique, et mit le cap sur l'Europe.

Il n'était plus très loin de la France lorsqu'un beau jour le cuisinier du bord s'introduisit dans la cabine du capitaine. Scoubidou lui demanda :

— Que viens-tu faire ici ?

— Devine, dit le cuisinier.

Scoubidou sortit ses lunettes, les mit, et se mit à crier :

— Tu viens me voler mes lunettes !

— Tout juste, dit le cuisinier.

Et, avant que Scoubidou ait pu faire un geste, il les lui arracha, sortit de la cabine et les jeta dans la mer.

Quelques instants plus tard, comme par un fait exprès, le capitaine rentrait dans la cabine.

— Dis-moi donc, Scoubidou, quel temps fera-t-il demain matin ?

— Je ne peux pas vous le dire, répondit la poupée, le cuisinier m'a volé mes lunettes.

Le capitaine haussa les sourcils :

— Lunettes ou pas lunettes, tu m'as promis de me prédire le temps qu'il ferait. Qu'est-ce que tu crois ? Que je vais te payer à ne rien faire ?

Le capitaine faisait semblant d'être fâché, mais en réalité c'était lui qui avait envoyé le cuisinier pour voler les lunettes, parce qu'il ne voulait pas payer son dû à Scoubidou.

— Débrouille-toi comme tu voudras, dit-il, mais si tu ne me dis pas le temps qu'il fera demain matin, moi, je te jette à l'eau !

— Eh bien... mettons qu'il fera beau ! dit Scoubidou, au hasard.

Hélas ! Le lendemain, dès l'aube, un gros nuage noir surgit à l'horizon et s'étendit à toute vitesse, comme s'il voulait dévorer le ciel. En même temps, la tempête se levait, le bateau se mettait à danser. Le capitaine entra, ou fit semblant d'entrer, dans une grande colère :

— Tu m'as trompé ! dit-il à Scoubidou.

Et, sans vouloir entendre ses protestations, il la jeta par-dessus bord.

Scoubidou, étourdie, vit la mer et le ciel tournoyer, puis elle tomba dans l'eau. Presque aussitôt, une grande bouche pleine de dents pointues s'ouvrit devant elle, et elle fut avalée par un

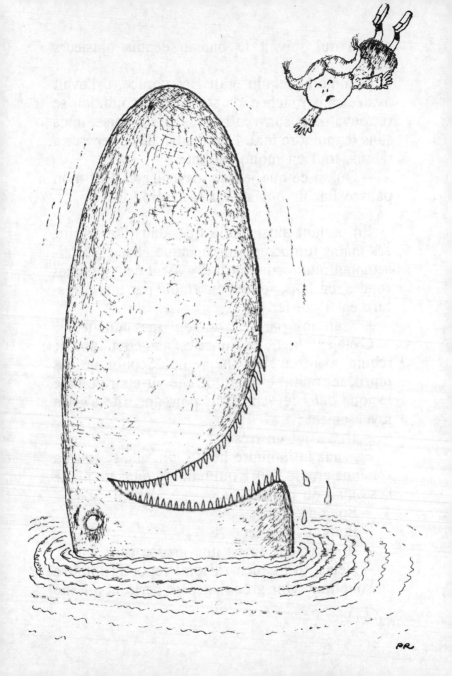

requin qui suivait le bateau depuis plusieurs jours.

Comme le requin était très vorace, il l'avait avalée sans mâcher, de sorte que Scoubidou se retrouva dans son ventre, pas très à l'aise, mais sans le moindre mal. Elle essaya de se repérer à tâtons, tout en monologuant :

— Qu'est-ce que je vais devenir, ici ? Et mon pauvre Bachir qui attend son vélo !

En parlant ainsi, voilà que, dans l'obscurité, ses mains tombèrent sur quelque chose qui ressemblait à un petit vélo : il y avait deux plaques rondes, en bois, reliées ensemble par une armature en fil de fer.

— Mais ma parole... ce sont mes lunettes !

C'étaient bien les lunettes, en effet, que le requin avait avalées la veille. Scoubidou les reprit, les remit, et aussitôt elle vit clair comme le jour dans le ventre du poisson. Elle s'écria joyeusement :

— Il y a ici un trésor !

Et, sans la moindre hésitation, elle se tourna vers une grosse huître qui bâillait, dans un pli de l'estomac du requin.

— Bonjour, huître !

— Bonjour, poupée !

— Je crois que tu as une grosse perle ?

— Hélas, tu as bien raison ! répondit l'huître en soupirant. Une grosse, grosse perle, et qui me gêne terriblement ! Si je pouvais trouver quelqu'un qui me débarrasse de cette saleté !

— Veux-tu que je te l'enlève ?

— Alors, là, si tu le fais, tu me rendras un fier service !

— Ouvre-toi toute grande, seulement, tu vas voir !

L'huître s'ouvrit, aussi grande qu'elle put. Scoubidou y plongea les deux mains et arracha la perle.

— Aïe ! dit l'huître.

— Ce n'est rien, c'est fini.

Et Scoubidou sortit la perle. C'était une grosse, une magnifique perle. En la vendant, il y avait de quoi acheter cinq ou six vélos ! Scoubidou la mit dans sa poche et dit à l'huître, poliment :

— Merci.

— Mais c'est moi qui te remercie ! Si je peux quelque chose pour toi...

— Tu peux peut-être me donner un conseil, dit Scoubidou.

— Lequel ?

— Que faut-il faire pour rentrer chez moi ?

— C'est très simple, dit l'huître. Puisque tu as deux jambes, tu n'as qu'à te balancer d'un pied sur l'autre. Ça rendra le poisson malade, et il fera tout ce que tu voudras.

— Merci, bonne huître !

Et Scoubidou se balança d'un pied sur l'autre.

Au bout d'une minute, le requin ne se sentit pas bien. Au bout de deux minutes, il eut le hoquet. Au bout de trois minutes, il eut le mal de mer. Au bout de cinq minutes, il se mit à crier :

— Alors quoi, c'est fini, là-dedans ? Vous ne pouvez pas vous laisser digérer tranquillement ?

— Conduis-moi à Paris ! lui cria Scoubidou.

— A Paris ? Et puis quoi, encore ? Je ne reçois pas d'ordres de ma nourriture !

— Alors, je continue !

— Non, non ! Arrête ! Où est-ce, Paris ?

— C'est en remontant la Seine.

— Hein ? Quoi ? Remonter la Seine ? Mais je serais déshonoré ! Je suis un poisson de mer, moi ! Dans ma famille, on ne connaît que l'eau salée !

— Alors, je continue !

— Non, non ! Pitié ! J'irai où tu voudras ! Mais reste un peu tranquille !

Et le poisson se mit en route. Il nagea jusqu'au Havre, puis remonta la Seine, traversa Rouen et continua jusqu'à Paris. Une fois là, il s'arrêta devant un escalier de pierre, puis il ouvrit la bouche et cria de toutes ses forces :

— Terminus, tout le monde descend ! Allez, file, et que je ne te revoie plus !

Scoubidou descendit, puis monta sur le quai. Il était environ trois heures du matin. Pas un passant, pas une étoile. Profitant de la nuit et grâce à ses lunettes, la poupée eut vite fait de retrouver la rue Broca. Le lendemain matin, elle frappa chez Papa Saïd et lui donna la perle. Papa Saïd la remercia, porta la perle au bijoutier, et put acheter un vélo pour Bachir.

Quant au bateau sur lequel Scoubidou avait embarqué, personne ne l'a revu depuis. Je crois bien qu'il a fait naufrage.

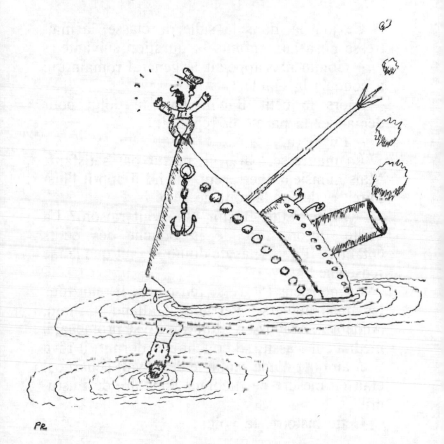

# Histoire de Lustucru

Ce jour-là, dans la salle de classe, la maîtresse posa aux enfants la question suivante :

— Comment s'appelait le général romain qui a conquis la Gaule ?

Alors le petit Bachir leva le doigt pour demander la parole et répondit :

— Lustucru.

La maîtresse, paraît-il, ne fut pas satisfaite. Mais monsieur Pierre, lui, quand il apprit l'histoire, se demanda tout de suite :

— Et si c'était Bachir qui avait raison ? La vérité, dit-on, sort de la bouche des petits enfants... Il n'y a pas de doute, il faut que je me renseigne !

Et monsieur Pierre se renseigna. Il relut tous les bons auteurs : Perrault, Galland, Grimm, Andersen, Afanassiev et autres , il se promena, il médita ; il s'assit, se coucha ; il dormit, il rêva — et au bout d'une semaine de travail acharné il était en mesure de raconter l'histoire de Lustucru.

Cette histoire, la voici :

Il y a très longtemps, à l'époque des Romains, vivait un roi barbare. Quand ce roi eut un fils, une bonne fée lui apparut, qui lui dit ces mots ·

— Ton fils est immortel, il ne mourra jamais. De plus, il deviendra un grand guerrier, plein d'audace et de bravoure, et il fera de grandes choses. Mais tout cela à une condition !

— Laquelle ? demanda le roi.

— C'est, dit la fée, que tu lui donnes le nom de Lustucru.

Le roi eut une hésitation. Même pour un barbare, le nom de Lustucru est un peu ridicule. Cependant il se dit que la bravoure et l'immortalité valaient bien qu'on supporte ce petit inconvénient et, après réflexion, il répondit :

— J'accepte.

— Qu'il en soit donc ainsi, dit la fée.

Et elle disparut.

Le prince Lustucru grandit rapidement et devint en peu de temps un garçon accompli, plein de force et de courage. Quand il eut environ douze ans, le roi son père l'envoya à Rome pour parfaire son éducation.

Il entra donc dans une école romaine. Comme il était aussi intelligent que brave, il était le premier partout. Ou plutôt, il aurait dû l'être, mais ses maîtres romains ne lui donnaient jamais la première place, parce que, pour rien au monde, ils n'auraient voulu dire ou écrire : premier, Lustucru.

Pendant toute la durée de ses études, le pauvre Lustucru fut donc un éternel second. Une fois sorti de l'école, il essaya d'entrer dans l'administration, et passa des concours. Mais là encore, la même malédiction le poursuivit. Bien qu'il fût, et de loin, le meilleur et le plus capable, il n'était jamais reçu, et tous ses concurrents lui passaient, comme on dit, sur la tête.

Que faire ? Un autre, à sa place, aurait quitté Rome et serait retourné chez ses parents. Mais Lustucru avait conscience de sa valeur, et il se sentait né pour de grandes choses. Il se dit :

— Je suis meilleur que tous les autres, mais cela ne suffit pas. Pour être reconnu, il me faut accomplir quelque chose d'énorme ! Mais quoi donc, par exemple ? Voyons, voyons... Tiens ! Une idée ! Je vais conquérir la Gaule !

Il faut savoir qu'en ce temps-là la France s'appelait la Gaule, et que ses habitants s'appelaient les Gaulois.

Seulement la Gaule était un gros morceau, et Lustucru ne pouvait pas la conquérir tout seul. Il lui fallait recruter une armée.

Un jour qu'il se promenait dans les rues de Rome, un mendiant l'arrêta :

— Pitié, Monsieur, donnez-moi quelque chose !

Lustucru regarda le mendiant. Il était pauvre et sale, mais c'était un bel homme, encore jeune, bien bâti, courageux, volontaire.

— Dis-moi : tu sais te battre ?

— Oh oui, Monsieur !

— Tu aimes voyager ?

— Oh oui !

— Les aventures ne te font pas peur ?

— Oh non !

— En ce cas, dit Lustucru, tu entres à mon service. Tu vas me lever une armée, et nous allons conquérir la Gaule. D'accord ?

— D'accord ! dit le mendiant.

— A la bonne heure ! Au fait, comment t'appelles-tu ?

— Jules César.

— Eh bien, Jules César, suis-moi. Je t'invite à déjeuner !

Et c'est ainsi que Jules César devint le lieutenant de Lustucru. A eux deux, ils levèrent une armée, l'instruisirent, l'entraînèrent, puis ils passèrent les Alpes et entrèrent en Gaule.

L'histoire de la conquête, vous la connaissez. Comme les tribus gauloises ne cessaient de se quereller entre elles, Lustucru commença par s'allier aux unes pour combattre les autres. Il pénétra de cette façon dans l'intérieur du pays. Ensuite, il aida les Gaulois dans leurs luttes contre les Germains, ce qui lui permit de s'infiltrer plus loin encore. Mais petit à petit les Gaulois commencèrent à s'apercevoir que, sous couleur de les aider, Lustucru les colonisait. Ils résolurent alors d'oublier leurs querelles et de s'unir une bonne fois pour chasser les Romains. Le jeune roi des Arvernes, un certain Vercingétorix, prit la tête du mouvement, et ce fut, cette fois, la guerre ouverte. En bonne logique, les Romains auraient dû être exterminés, car ils n'étaient qu'une poignée, au milieu d'un pays hostile. Mais les Gaulois, s'ils étaient courageux et actifs, manquaient terriblement de discipline et d'esprit de suite. Finalement Vercingétorix, enfermé dans la ville d'Alésia, dut reconnaître sa défaite et se rendit à Lustucru.

Celui-ci écrivit toute l'histoire dans un livre, dont il confia le manuscrit à Jules César en lui disant :

— Va porter ce livre aux Romains, et emmène aussi Vercingétorix. Tu leur diras que Lustucru leur a conquis la Gaule.

Mais Jules César était jaloux et envieux. Il prit une plume de roseau, de l'encre et un grattoir, et falsifia le manuscrit. Partout où il y avait *Lustucrus*, il l'effaça et écrivit *Caesar*. Partout où il y avait *Lustucrum*, il écrivit *Caesarem*. Et partout où il y avait *Lustucro*, il y substitua *Caesari* ou *Caesare*, suivant le cas. Bref, à la place du nom de Lustucru, il mit partout son propre nom.

Une fois arrivé à Rome, il dit aux sénateurs romains :

— Moi, Jules César, je viens de conquérir la Gaule. Voici le livre où je raconte mes exploits.

Et maintenant, vous allez me nommer empereur.

— Oh vraiment, vous croyez ? dirent les Romains.

— Si vous ne voulez pas, répondit Jules César, je lance mon armée contre vous !

— Oh ! Mais alors, ça change tout ! dirent les Romains.

Et ils le nommèrent empereur.

César entra dans Rome au cours d'un magnifique défilé, et fit tout aussitôt étrangler Vercingétorix, de peur qu'il ne dise la vérité. Ensuite il envoya deux hommes à lui en Gaule, avec l'ordre de tuer Lustucru. Les deux hommes se mirent en route. Dès leur arrivée, Lustucru, qui attendait avec impatience des nouvelles de Rome, les fit venir dans sa tente. Les deux hommes, une fois introduits, tirèrent leurs épées et lui en percèrent le cœur. Lustucru, qui était immortel, n'en fut pas moins douloureusement surpris. Il comprit qu'une fois de plus on lui avait volé la première place et, déçu, écœuré, se réfugia en Germanie.

Les Germains l'acceptèrent parmi eux, à cause de sa valeur, mais lui refusèrent la place de chef. Pas plus que les Romains ils ne voulaient recevoir d'ordres d'un monsieur qui s'appelait Lustucru. Cette fois encore, notre héros fut maintenu à un rang subalterne.

Quelques siècles plus tard, les Germains envahirent l'empire de Rome, et les Francs occupèrent la Gaule. Vous avez tous entendu parler de Clovis, le roi des Francs ? Eh bien Lustucru, à cette époque, était un guerrier de Clovis.

En 486, après avoir battu la dernière des armées romaines stationnées en Gaule, Clovis s'empara de la ville de Soissons et la mit au pillage. Tous les objets précieux furent rassemblés, puis tirés au sort, et Lustucru reçut un magnifique vase qui venait de l'église. Le partage terminé, le roi Clovis vint lui faire une proposition :

— Laisse-moi ton vase, dit-il, je te donnerai quelque chose en échange...

Mais Lustucru, qui en avait assez d'être traité comme un sous-ordre, se mit en colère. Levant sa hache, il fracassa le précieux vase en disant à Clovis :

— Tu n'auras que ta part, rien de plus !

Clovis s'en alla sans rien dire. Mais, comme il était rancunier, il n'oublia pas. Quelques semaines plus tard, retrouvant devant lui le soldat Lustucru, il lui jeta ses armes à terre. Lustucru se baissa pour les ramasser. Clovis alors brandit sa hache et lui fendit la tête en disant :

— Ainsi as-tu fait du vase de Soissons !

Puis il s'en fut, croyant l'avoir tué. Lustucru en fut quitte pour une forte migraine, mais il quitta l'armée de Clovis.

A partir de ce jour, on perd sa trace pour quelque temps. Du reste, il nous serait impossible de raconter une si longue vie dans tous ses détails, même si nous avions pour cela tous les documents nécessaires.

En l'an 732 les Arabes, venus d'Espagne, occupaient le Midi de la France. Pour arrêter leur progression, le maire du palais, Charles Martel, se porta au-devant d'eux, à la tête d'une armée franque. Ce fut la bataille de Poitiers. Elle fut sanglante et dura jusqu'au soir. La nuit venue, les deux armées se retirèrent dans leurs campements, et l'on ne savait trop qui était le vainqueur. Tout le monde étant très fatigué, les deux camps s'endormirent.

Mais Lustucru ne dormait pas. Sans se faire voir, il sortit du cantonnement et attaqua, à lui tout seul, le camp arabe. Il tua, en moins d'une heure, des centaines d'ennemis. Les pauvres musulmans avaient beau se défendre à coups d'épée, de lance, de hache, de masse d'armes, Lustucru continuait son carnage, et ses blessures se fermaient aussitôt. Les Arabes, voyant cela, le prirent pour le diable, levèrent le camp et détalèrent sans attendre le jour.

Le lendemain matin, Charles Martel se réveilla et s'aperçut que l'ennemi s'était replié.

— Tiens ! C'est curieux ! dit-il. Qui donc les a chassés ?

— C'est moi ! dit un soldat, au garde-à-vous.

— Toi ? Et comment t'appelles-tu ?

— Je m'appelle Lustucru !

En entendant ce nom, toute l'armée franque éclata de rire, et Charles Martel s'écria .

— Ridicule ! De quoi aurons-nous l'air si nous disons que Lustucru a battu les Arabes à Poitiers ? Qu'il soit bien entendu qu'ils ont été battus par moi ! Et celui qui dira le contraire, qu'on lui coupe la tête !

C'est ainsi que, cette fois encore, le nom de Lustucru fut rayé de l'Histoire.

Lustucru fit encore bien des choses. Ce fut lui qui, en 778, sonna du cor à Roncevaux. Ce fut lui qui conquit l'Angleterre, pour le compte des Normands. Ce fut lui qui bouta les Anglais hors de France : Du Guesclin, c'était Lustucru ; le Grand Ferré, c'était Lustucru ; Jeanne d'Arc, c'était encore Lustucru... Ce fut lui qui reconnut Louis XVI à Varennes, et qui composa *La Marseillaise*. Ce n'était pas Napoléon qui traversait le pont d'Arcole, à pied, sous une grêle de balles autrichiennes, non, c'était Lustucru, toujours Lustucru ! Certains vont même jusqu'à prétendre que ce fut lui qui, le 18 juin 1940, au micro de Radio-Londres... mais arrêtons-nous là. Aller plus loin, ce serait de la politique.

Le pauvre Lustucru avait bien deux mille ans, et malgré toutes ses actions d'éclat, son nom restait inconnu dans l'Histoire. Complètement découragé, il s'en alla trouver la grande sorcière de la rue Mouffetard.

— Bonjour, madame la Sorcière.

— Bonjour, Monsieur. Vous avez l'air bien triste. Qu'est-ce qu'il y a donc qui ne va pas ?

— Eh bien voici : je suis grand, je suis fort, je suis brave et je suis immortel. J'ai fait des tas de grandes choses, que tout le monde connaît, mais personne ne sait que c'est moi qui les ai faites, et personne ne sait mon nom !

— Voilà qui est bizarre, dit la sorcière. Et comment vous appelez-vous ?

— Je m'appelle Lustucru.

— Lustucru ? Vous m'en direz tant ! Mon pauvre Monsieur, avec un nom pareil, les historiens ne vous citeront jamais !

— Vous croyez ?

— J'en suis sûre ! Si vous voulez devenir célèbre, vous n'avez plus qu'une chose à faire...

— Laquelle ?

— C'est d'entrer dans une chanson !

— Ça, c'est une bonne idée ! Mais comment faire ?

— Je n'en sais rien, dit la sorcière. Et personne n'en sait rien. Pourquoi des gens comme Malbrough ou le roi Dagobert sont-ils devenus des héros de chansons, plutôt que le Grand Condé ou Chilpéric, c'est un mystère. Vous n'avez qu'à attendre. Après tout, rien ne presse : vous êtes immortel !

— C'est vrai, dit Lustucru.

Il dit merci à la sorcière, puis il quitta Paris

et, résigné à une longue médiocrité, il s'installa dans un petit village où il acheta une belle maison, au bord de la grand-route.

Les mois, puis les années passèrent. Chaque matin, Lustucru s'asseyait dans un grand fauteuil, devant la fenêtre ouverte, et passait la journée à regarder la voisine d'en face, une certaine madame Michel, qui vivait seule dans une maison aux volets verts, avec son chat pour toute compagnie. A force de la regarder, comme ça, tous les jours, il en devint amoureux. Un beau dimanche après la messe, il acheta un bouquet, mit son bel habit noir, sa cravate et ses gants, puis traversa la rue et fut sonner chez la voisine. Celle-ci vint lui ouvrir.

— Monsieur... Vous désirez ?

— Excusez-moi, madame Michel, je suis votre voisin d'en face...

— C'est vous, voisin ? Je ne vous reconnaissais plus ! Comme vous êtes beau ! Entrez donc cinq minutes ! Vous prendrez bien un petit quelque chose ?

— Avec plaisir, madame Michel... Tenez, voici des fleurs pour vous !

— Oh, comme vous êtes gentil ! Et qu'elles sont belles ! Asseyez-vous, je vais les mettre à l'eau.

— Dites-moi, madame Michel...

— Je vous écoute, voisin.

— Eh bien... je suis venu vous demander en mariage.

— Vous voulez m'épouser ?

— Oui, madame Michel

— Oh, pas possible ! Mais je vous connais à peine...

— Vous apprendrez à me connaître, madame Michel. Vous voyez, je suis grand, je suis fort, je suis brave et, qui plus est, je suis immortel !

— Ma foi, dit-elle, j'avoue que c'est intéressant. Et comment vous appelez-vous ?

— Je m'appelle Lustucru.

En entendant ce nom, la mère Michel changea de visage et répondit d'un air épouvanté :

— Oh non, voisin, ce n'est pas possible ! Vous êtes bel homme, y a pas à dire, vous êtes même bien plaisant, mais moi, je suis une femme sérieuse ! Je n'ai pas envie d'être ridicule aux yeux de tout le pays ! Demandez-moi n'importe quoi, mais de m'appeler madame Lustucru, ça non ! J'aime encore mieux rester toute seule !

Une fois de plus, le pauvre Lustucru était victime de son nom. Mais cette fois il était amoureux, et il ne se tint pas pour battu.

Ce soir-là, comme il prenait le frais, à la porte de sa maison, il aperçut une ombre vague qui se déplaçait sur le bord de la route. Il regarda attentivement et reconnut le chat de sa voisine. Il appela :

— Minet ! Minet !

Le chat, qui n'était pas craintif, s'approcha de lui pour se faire caresser. Lustucru le saisit, l'emporta, et l'enferma dans une petite cabane, tout au fond de son jardin. Après quoi il alla se coucher, riant sous cape et se frottant les mains.

Le lendemain, sur le coup de huit heures, il fut réveillé en sursaut par des cris aigus. C'était la mère Michel, à sa fenêtre, qui se lamentait :

— Hélas, mon petit minet ! Où est mon petit minet ? J'ai perdu mon petit minet ! Personne n'a vu mon petit minet ? Qui me rendra mon petit minet ?

Lustucru se leva et mit le nez a la fenêtre.

— Eh bien, madame Michel, qu'avez-vous donc ?

— Ah, monsieur Lustucru, c'est mon petit minet ! J'ai perdu mon petit minet !

— Mais non, vous ne l'avez pas perdu !

— Qu'est-ce que vous dites ? Vous savez où il est ?

— Eh oui, je le sais !

— Et où est-il ?

— Chez moi.

— Chez vous ? Oh, quel bonheur ! Je viens le chercher tout de suite !

— Minute, madame Michel ! Je n'ai pas dit que je vous le rendrais !

— Comment, vous ne me le rendrez pas ? Mais vous n'avez pas le droit ! C'est mon petit

80

minet à moi ! Je ne peux pas vivre sans mon petit minet !

— Et moi, madame Michel, je ne peux pas vivre sans vous ! Epousez-moi, et je vous rends votre chat !

— Et si je refuse ?

— Si vous refusez, je le mangerai !

— Oh ! C'est trop fort ! Je vais chercher les gendarmes !

— Eh bien, c'est cela ! Allez donc chercher les gendarmes, et moi, pendant ce temps, je mets le chat à la casserole !

En entendant ces mots, la mère Michel se mit à pleurer :

— Oh, monsieur Lustucru ! Pourquoi donc êtes-vous si méchant ?

— C'est parce que je vous aime, madame Michel !

La mère Michel ouvrit de grands yeux :

— Vous m'aimez à ce point-là ?

— Oui, madame Michel !

Cette fois, la mère Michel fut tout émue.

— Pauvre homme ! pensa-t-elle. Je ne savais pas qu'il existait encore des êtres capables d'aimer à ce point ! Après tout, Lustucru, ce n'est pas un si vilain nom... On doit s'y habituer, à la longue...

Et elle dit tout haut :

— Si je vous épouse, vous me rendrez mon chat ?

— Je vous le rendrai.

— Vous ne lui ferez aucun mal ?

— Je ne lui ferai aucun mal.

— Promis, juré ?

— Promis, juré !

— Alors, c'est entendu, je vous épouse.

— Vraiment ?

— Vraiment !

— Pour toute la vie ?

— Pour toute la vie !

— Promis, juré ?

— Promis, juré !

— Oh, quelle joie ! Merci, madame Michel !

Lustucru s'habilla, descendit, et délivra, sans plus tarder, le chat de sa voisine. Six mois plus tard avait lieu leur noce et, au moment où les nouveaux mariés sortaient de l'église, les enfants du pays se mirent à chanter :

*C'est la mèr'Michel qui a perdu son chat*
*Qui crie par la fenêtre à qui le lui rendra.*
*C'est le pèr'Lustucru*
*Qui lui a répondu :*
*— Allez, la mèr'Michel vot'chat n'est pas perdu !*

— Qu'est-ce que c'est que cette chanson ? demanda Lustucru.

— C'est une nouvelle chanson que l'on chante sur vous, répondirent les enfants.

— Je la trouve stupide, dit la mère Michel.

— Et moi, dit Lustucru, je la trouve merveilleuse !

Depuis ce temps-là, le père Lustucru vit parfaitement heureux dans son petit village, avec sa
femme et le chat. Les petits enfants, chaque fois
qu'ils le rencontrent, lui chantent sa chanson
pour lui faire plaisir, et il leur donne des sous
pour acheter des bonbons.

# La fée du robinet

Il était une fois une fée, une gentille petite fée, qui vivait dans une source, pas très loin d'un village. Vous savez, n'est-ce pas, que la Gaule autrefois n'était pas chrétienne, et que nos pères les Gaulois adoraient les fées. A cette époque, les gens de ce village adoraient cette fée-là. Ils portaient à la source des fleurs, des gâteaux et des fruits, et même, les jours de fête, ils mettaient leurs plus beaux habits pour y venir danser.

Et puis, un jour, la Gaule devint chrétienne, et monsieur le curé interdit aux gens du pays de porter des offrandes et de venir danser autour de la source. Il prétendait qu'ils y perdraient leurs âmes, et que la fée était un diable. Les villageois savaient bien que ce n'était pas vrai ; cependant, ils n'osaient rien dire, parce qu'ils avaient peur du curé. Mais les plus vieux d'entre eux continuèrent de venir, en cachette, pour déposer leurs dons près de la source. Quand le curé s'en aperçut, il se fâcha tout rouge. Il fit dresser en cet endroit une grande croix de pierre, puis il organisa une procession et prononça au-dessus de l'eau un tas de paroles magiques, en latin, pour chasser la fée. Et les gens crurent vraiment qu'il avait réussi à la faire fuir, car, pendant quinze cents ans, plus personne n'entendit parler d'elle.

Les vieux qui l'adoraient moururent, les jeunes l'oublièrent peu à peu, et leurs petits-enfants ne surent même plus qu'elle avait existé. Même les curés, ses ennemis, cessèrent de croire en elle.

Pourtant la fée n'était pas partie. Elle était toujours là, dans la source, mais elle se cachait, car la croix l'empêchait de sortir. Du reste, elle avait bien compris que personne ne voulait plus d'elle.

— Patience ! pensait-elle. Notre temps est passé, mais le temps des chrétiens passera, lui aussi ! Un jour, cette croix tombera en morceaux, et de nouveau je serai libre...

Un jour, deux hommes passèrent près de la source. C'étaient des ingénieurs. Ils remarquèrent que l'eau en était abondante et claire, et décidèrent de l'utiliser pour le ravitaillement de la ville prochaine.

Quelques semaines plus tard arrivèrent les ouvriers. Ils enlevèrent la croix, qui les gênait pour travailler, puis ils captèrent l'eau de la source et l'amenèrent, par tuyaux, jusqu'à la ville.

C'est ainsi que la fée se retrouva, un beau jour, dans une canalisation qu'elle suivit à l'aveuglette, pendant des kilomètres, en se demandant ce qui avait pu arriver. A mesure qu'elle avançait, le tuyau se faisait plus étroit, se divisait en plusieurs tuyaux secondaires. La fée tournait, tantôt à gauche, tantôt à droite, et pour

finir elle aboutit à un gros robinet de cuivre, au-dessus d'une pierre à évier.

C'était une chance pour elle, car elle aurait pu aussi bien tomber dans une chasse d'eau et, dans ce cas, au lieu de la fée du robinet, elle serait devenue la fée des cabinets. Mais par bonheur cela n'arriva pas.

Ce robinet et cet évier faisaient partie d'une cuisine, et cette cuisine était située dans un appartement où habitait une famille d'ouvriers comprenant le père, la mère et deux grandes filles. La fée resta longtemps sans se manifester à eux, car les fées ne se montrent pas pendant le jour : elles ne sortent qu'après minuit. Or le père travaillait dur, la mère aussi, les deux filles fréquentaient l'école, de sorte que tous étaient couchés à dix heures au plus tard, et que personne n'ouvrait le robinet de toute la nuit.

Une fois cependant, l'aînée des filles, qui était gourmande et mal élevée, se leva, sur le coup de deux heures du matin, pour aller voler dans le frigidaire. Elle prit une cuisse de poulet, la rongea, mangea une mandarine, trempa son doigt dans un pot de confiture, le lécha, après quoi elle eut soif. Elle sortit un verre du buffet, alla au robinet, l'ouvrit... mais voilà qu'au lieu d'eau il s'échappa du robinet une toute petite bonne femme en robe mauve, avec des ailes de libellule, qui tenait à la main une baguette surmontée d'une étoile d'or. La fée (car c'était elle) se posa

sur le bord de l'évier et parla d'une voix musi-
cale :

— Bonjour, Martine.

(J'ai oublié de dire que cette fille s'appelait
Martine.)

— Bonjour, Madame, répondit Martine.

— Veux-tu être gentille, Martine ? demanda la
bonne fée. Donne-moi un peu de confiture.

Martine était, comme je l'ai dit, gourmande et
mal élevée. Cependant, quand elle vit que la fée
était bien habillée, avec des ailes de libellule et
une baguette magique, elle se dit :

— Attention ! Cette dame est une belle dame,
et j'ai tout intérêt à être bien avec !

Aussi répondit-elle avec un sourire hypo-
crite :

— Mais certainement. Madame ! Tout de
suite, Madame !

Elle prit une cuiller propre, elle la plongea
dans le pot de confiture, et la tendit à la bonne
fée. Celle-ci battit des ailes, voleta autour de la
cuiller en y donnant quelques coups de langue
puis elle se reposa sur le buffet et dit :

— Merci, Martine. En récompense de ta gentillesse, je vais te faire un don : à chaque mot
que tu diras, il te sortira de la bouche une perle.

Et la fée disparut.

— Ben ça, alors ! dit Martine.

Et, comme elle disait ces mots, trois perles lui
tombèrent de la bouche.

Le lendemain matin, elle conta l'histoire à ses parents, non sans jeter une quantité de perles.

Sa mère porta ces perles au bijoutier, qui les trouva fort bonnes, encore qu'un peu petites.

— Si elle disait des mots plus longs, dit le père, elles grossiraient peut-être...

Ils demandèrent aux voisins quel est le mot le plus long de la langue française. Une voisine qui avait des lettres leur répondit que c'était le mot *anticonstitutionnellement*. Ils obligèrent Martine à le répéter. Elle obéit, mais les perles n'en furent pas plus grosses. Plus allongées, peut-être, et d'une forme un peu plus biscornue. De plus, comme c'est un mot très difficile, Martine le prononçait mal, et les perles en étaient de moins bonne qualité.

— Tant pis, dirent les parents. De toute façon, notre fortune est faite. A partir d'aujourd'hui, la petite n'ira plus à l'école. Elle restera assise à table, et parlera toute la journée au-dessus du saladier. Et si elle s'arrête de parler, gare à elle !

Martine qui, entre autres défauts, était bavarde et paresseuse, fut d'abord enchantée de ce programme. Mais au bout de deux jours, elle en eut assez de parler toute seule et de rester immobile. Au bout de trois jours cela devint un tourment, au bout de quatre un supplice, et le soir du cinquième jour, pendant le dîner, elle entra dans une grande colère et se mit à crier :

— Zut ! Zut ! Zut !

En vérité, elle ne dit pas *zut*, mais un mot beaucoup plus vulgaire. Et en même temps, voici que trois grosses perles, énormes, roulèrent sur la nappe.

— Qu'est-ce que c'est que ça ? demandèrent les parents.

Mais ils comprirent tout de suite.

— C'est simple, dit le père, j'aurais dû y penser. Chaque fois qu'elle dit un mot ordinaire, elle crache une petite perle. Mais quand c'est un gros mot, elle en crache une grosse.

A partir de ce jour-là, les parents obligèrent Martine à ne plus dire que des gros mots au-dessus du saladier. Au commencement, cela la soulageait, mais bientôt les parents la grondèrent chaque fois qu'elle disait autre chose qu'un gros mot. Au bout d'une semaine, cette vie ne lui parut plus tenable, et elle s'enfuit de la maison.

Elle marcha tout le jour dans les rues de Paris, sans savoir où aller. Vers le soir, affamée et rompue de fatigue, elle s'assit sur un banc. Un jeune homme, la voyant seule, vint s'asseoir auprès d'elle. Il avait les cheveux ondulés, les mains blanches et un air très doux. Il lui parla très gentiment, et elle lui raconta son histoire. Il l'écouta avec beaucoup d'intérêt, tout en recueillant dans sa casquette les perles qu'elle jetait en lui faisant ses confidences et, quand elle eut fini, il la regarda tendrement dans les yeux :

— Parlez encore, dit-il. Vous êtes merveilleuse. Si vous saviez comme j'aime à vous entendre ! Restons ensemble, voulez-vous ? Vous coucherez dans ma chambre et nous ne nous quitterons plus. Nous serons heureux.

Martine, qui ne savait où aller, accepta de bon cœur. Le jeune homme l'emmena chez lui, la fit manger, coucher, et le lendemain matin, au réveil, il lui dit :

– Maintenant, ma petite, parlons de choses sérieuses. Je n'ai pas l'intention de te nourrir à ne rien faire. Je m'en vais d'ici, et je t'enferme à clef. Ce soir, quand je reviendrai, je veux que la grande soupière soit pleine de grosses perles — et si elle n'est pas pleine, tu auras de mes nouvelles !

Ce jour-là et les jours suivants, Martine fut prisonnière, et obligée de remplir la soupière de perles. Le jeune homme au regard si doux l'enfermait chaque matin et revenait le soir. Et lorsque à son retour la soupière n'était pas pleine, il la battait.

Mais laissons pour l'instant Martine à son triste sort, et revenons chez ses parents.

La jeune sœur de Martine, qui était sage et bonne, avait été profondément impressionnée par toute cette histoire, et n'avait pas la moindre envie de rencontrer la fée du robinet. Cependant les parents, qui regrettaient amèrement la fuite de leur aînée, lui disaient chaque jour :

— Tu sais, si tu as soif, la nuit, rien ne t'em-

pêche de te lever pour aller boire un verre d'eau
à la cuisine...

Ou encore :

— A présent, tu es une grande fille. Tu pour-
rais bien faire quelque chose pour tes parents.
Après tout ce que nous avons fait pour toi...

Mais Marie (j'ai oublié de dire qu'elle s'appelait Marie) faisait semblant de ne pas comprendre.

Un soir, sa mère eut une idée. Elle servit a
dîner une soupe aux pois casses, des filets de
hareng, du petit salé aux lentilles et, pour finir,
du fromage de chèvre, de sorte que, la nuit suivante, Marie ne put dormir tellement elle avait
soif. Pendant deux heures elle resta dans son lit,
à se répéter :

— Je n'irai pas dans la cuisine. Je n'irai pas
dans la cuisine...

Mais pour finir elle y alla, en espérant que la
fée ne sortirait pas.

Hélas ! A peine le robinet tourné, la fée s'en
échappa et vint en voletant se percher sur
l'épaule de Marie.

— Marie, toi qui es si bonne, donne-moi un
peu de confiture !

Marie était très bonne, mais elle n'était pas
bête, et elle répondit :

— Merci bien ! Je n'ai pas besoin de vos
dons ! Vous avez fait le malheur de ma sœur,
c'est grandement suffisant ! D'ailleurs, je n'ai

pas le droit de fouiller dans le frigidaire pendant que mes parents sont couchés.

La fée qui, depuis quinze cents ans, avait perdu l'usage du monde, fut piquée de cette réponse et dit d'un air déçu :

— Puisque vous êtes si peu aimable, je vous donne pour don qu'à chaque mot que vous direz, il vous sortira de la bouche un serpent !

Le lendemain en effet, au premier mot qu'elle voulut dire pour raconter la chose à ses parents, Marie cracha une couleuvre. Elle dut renoncer à parler, et leur expliqua par écrit ce qui s'était passé la nuit dernière.

Tout affolés, ses parents la menèrent chez un médecin qui habitait, deux étages plus haut, dans le même immeuble. Ce médecin était jeune, sympathique, fort bien considéré dans le quartier, et promettait de faire une belle carrière. Il écouta le récit des parents, puis il fit à Marie son plus charmant sourire et lui dit :

— Allons, ne vous désolez pas. Tout cela n'est peut-être pas si grave. Voulez-vous me suivre dans ma salle de bains ?

Ils passèrent tous dans la salle de bains. Une fois là, le médecin dit à Marie :

— Penchez-vous bien sur la baignoire. Comme ceci. Et maintenant, dites un mot. N'importe lequel.

— Maman, prononça Marie.

Et en même temps une grosse couleuvre glissa de sa bouche dans la baignoire.

— Très bien, dit le médecin. Et à présent, dites un gros mot, pour voir...

Marie rougit très fort.

— Allons, lui dit sa mère, un petit gros mot pour le docteur !

Marie, timidement, murmura un gros mot. En même temps, un jeune serpent boa se répandait dans la baignoire.

— Qu'elle est gentille ! dit le médecin, tout ému. A présent, ma petite Marie, fais encore un petit effort et dis-moi une parole méchante.

Marie comprenait bien qu'il fallait obéir. Mais elle était si bonne qu'une parole méchante, même sans la penser, ça lui coûtait à dire. Elle se força pourtant, et prononça d'une voix sourde :

— Sale vache.

Tout aussitôt deux petites vipères, roulées en boule, sautèrent de sa bouche et tombèrent avec un bruit mou sur les autres serpents.

— C'est bien ce que je pensais, dit le docteur avec satisfaction. Pour un gros mot, il sort un gros serpent, et pour un mot méchant un serpent venimeux...

— Que faut-il faire, Docteur ? demandèrent les parents.

— Ce qu'il faut faire ? Eh bien, c'est simple ! Mon cher Monsieur, j'ai l'honneur de vous demander la main de votre fille.

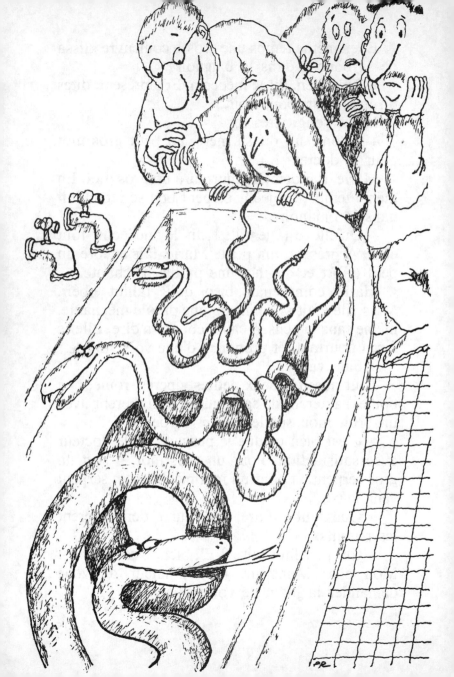

— Vous voulez l'épouser ?

— Si elle accepte, oui.

— Pourquoi donc ? demanda la mère. Vous pensez que le mariage la guérira ?

— J'espère bien que non ! répondit le médecin. Voyez-vous, je travaille à l'Institut Pasteur, à la fabrication des sérums antivenimeux. Dans mon service, nous manquons de serpents. Une demoiselle comme votre fille est pour moi un trésor !

C'est ainsi que Marie épousa le jeune médecin. Ce dernier fut très bon pour elle, et la rendit aussi heureuse qu'elle pouvait l'être avec une telle infirmité. De temps en temps, sur sa demande, elle lui disait des mots atroces pour lui fournir, soit une vipère, soit un cobra, soit un serpent corail — et le reste du temps, elle ne parlait plus, ce qui, heureusement, ne lui pesait pas trop, car elle était simple et modeste.

A quelque temps de là, la fée du robinet voulut savoir ce qu'il était advenu des deux filles. Elle apparut à leurs parents, un samedi soir après minuit, comme ceux-ci rentraient du cinéma et cassaient une petite croûte avant d'aller se coucher. Elle les interrogea, et ils lui répondirent. Toute confuse, elle apprit alors que, non seulement elle avait récompensé la vilaine fille et puni la gentille — mais que, par pur hasard, le mauvais don avait tourné à l'avantage de Marie, tandis que le don des perles était devenu pour la pauvre Martine une terrible malédiction, et qu'elle s'en trouvait punie bien au-delà de ce qu'elle méritait. La pauvre fée, découragée, se dit en elle-même :

— J'aurais mieux fait de me tenir tranquille. Je n'ai aucun usage du monde, je juge tout de travers, et je ne prévois même pas les conséquences de mes actes. Il faut que je trouve un enchanteur plus sage que moi, pour qu'il m'épouse et que je lui obéisse. Mais où le chercher ?

Tout en réfléchissant, elle était sortie dans la rue et elle voletait au-dessus du trottoir, rue Broca, lorsqu'elle vit une boutique éclairée. C'était l'épicerie-buvette de Papa Saïd. Papa Saïd lui-même était en train de poser les chaises sur les tables avant d'aller se coucher.

La porte était fermée, mais la fée, se faisant toute petite, passa par en dessous. C'est qu'en effet elle avait vu, traînant sur une planche, un gros cahier et une trousse à crayons, que Bachir avait oublié de ranger.

Lorsque Papa Saïd se fut retiré, la fée arracha une feuille du cahier (vous n'avez pas remarqué qu'il manque souvent une feuille aux cahiers de Bachir ?). Puis elle sortit de la trousse les crayons de couleurs, et elle se mit à dessiner. Bien entendu, Papa Saïd, en s'en allant, avait éteint l'électricité. Mais les fées ont de bons yeux, et voient même les couleurs en pleine nuit. La fée du robinet dessina donc un enchanteur, avec un grand chapeau pointu et une vaste houppelande noire. Le dessin terminé, elle souffla dessus et se mit à chanter :

> *Enchanteur noir*
> *Couleur du soir*
> *Je t'ai dessiné*
> *Veux-tu m'épouser ?*

La tête de l'enchanteur fit une grimace :
— Non, je ne veux pas, dit-il, tu es trop grosse.
— Alors, tant pis pour toi ! répondit la fée.
Elle souffla dessus une seconde fois, et l'enchanteur ne bougea plus. Elle arracha une autre feuille (il manque souvent plus d'une feuille aux cahiers de Bachir) et dessina un deuxième enchanteur, avec une houppelande brune. Elle souffla dessus et demanda :

> *Enchanteur brun*
> *Couleur de rien*
> *Je t'ai dessiné*
> *Veux-tu m'épouser ?*

Mais l'enchanteur brun détourna la tête.
Non, je ne veux pas, tu es trop maigre.
— Eh bien, tant pis pour toi !
La fée souffla sur lui une seconde fois et il ne fut rien de plus qu'un dessin immobile. Puis elle chercha dans les crayons de couleurs et s'aper-

çut qu'il n'en restait plus qu'un : le bleu. Tous les autres étaient perdus !

— Celui-ci, pensa-t-elle, il ne faut pas que je le rate !

Alors, en s'appliquant beaucoup, elle dessina, sur une troisième feuille, un troisième enchanteur, dont la houppelande était bleue. Quand elle l'eut fini, elle le regarda avec amour. Vraiment, c'était le plus beau de tous !

— Pourvu qu'il m'aime ! pensa-t-elle.

Elle souffla sur lui et se remit à chanter :

*Enchanteur bleu*
*Couleur des cieux*
*Je t'ai dessiné*
*Veux-tu m'épouser ?*

— D'accord, dit l'enchanteur.

Alors, la fée souffla dessus trois fois. A la troisième fois, l'enchanteur dessiné s'épaissit, puis il se détacha de la feuille de papier, puis il se redressa, prit la fée par la main, et tous les deux passèrent par-dessous la porte et s'envolèrent dans la rue.

— Avant tout, dit l'enchanteur bleu, je vais ôter leurs dons à Martine ainsi qu'à Marie.

— Vraiment, tu crois ? demanda la fée.

— C'est la première chose à faire, dit-il.

Et là-dessus, il récita une formule magique. Le lendemain, Martine avait cessé de cracher des perles. Le jeune homme à l'air doux, voyant cela, commença par la battre. Puis, quand il vit que cela ne servait à rien, il la chassa. Elle revint chez ses parents, mais l'aventure lui avait servi de leçon, car elle fut désormais douce et bonne.

Le même jour, Marie cessa de cracher des serpents. C'était dommage pour l'Institut Pasteur, mais son époux ne le regretta point, car il eut le plaisir de parler avec elle, et il put constater qu'elle était aussi intelligente que sage.

L'enchanteur et la fée disparurent. Je sais qu'ils vivent toujours, mais je ne sais pas où. Ils ne font presque plus de miracles, ils sont très, très prudents, et ne tiennent pas du tout à faire parler d'eux.

J'oubliais d'ajouter ceci : le lendemain de cette nuit mémorable, madame Saïd, la maman de Bachir, en ouvrant la boutique, trouva sur une planche les crayons de son fils en désordre, le grand cahier ouvert avec trois feuilles arrachées et, sur deux de ces feuilles, des dessins d'enchanteurs. Très mécontente, elle appela son fils et lui dit sévèrement :

— Qu'est-ce que c'est que ce travail ? Tu n'as pas honte ? Tu crois que c'est pour ça qu'on t'achète des cahiers ?

Bachir eut beau répondre que ce n'était pas lui, personne ne voulut le croire.

# La sorcière
# du placard aux balais

C'est moi, monsieur Pierre, qui parle, et c'est
à moi qu'est arrivée l'histoire.

Un jour, en fouillant dans ma poche, je trouve
une pièce de cinq nouveaux francs. Je me dis :

— Chouette ! Je suis riche ! Je vais pouvoir
m'acheter une maison !

Et je cours aussitôt chez le notaire :

— Bonjour, monsieur le Notaire ! Vous n'auriez pas une maison, dans les cinq cents francs ?

— Cinq cents francs comment ? Anciens ou
nouveaux ?

— Anciens, naturellement !

— Ah non, me dit le notaire, je suis désolé !
J'ai des maisons à deux millions, à cinq millions,
à dix millions, mais pas à cinq cents francs !

Moi, j'insiste quand même :

— Vraiment ? En cherchant bien, voyons...
Pas même une toute petite ?

A ce moment, le notaire se frappe le front :

— Mais si, j'y pense ! Attendez un peu...

Il fouille dans ses tiroirs et en tire un dossier :

— Tenez, voici : une petite villa située sur la grand-rue, avec chambre, cuisine, salle de bains, living-room, pipi-room et placard aux balais.

— Combien ?

— Trois francs cinquante. Avec les frais, cela fera cinq nouveaux francs exactement.

— C'est bon, j'achète.

Je pose fièrement sur le bureau ma pièce de cent nouveaux sous. Le notaire la prend, et me tend le contrat :

— Tenez, signez ici. Et là, vos initiales. Et là encore. Et là aussi.

Je signe et je lui rends le papier en lui disant :

— Ça va, comme ça ?

Il me répond :

— Parfait. Hihihihi !

Je le regarde, intrigué :

— De quoi riez-vous ?

— De rien, de rien... Haha !

Je n'aimais pas beaucoup ce rire. C'était un petit rire nerveux, celui de quelqu'un qui vient de vous jouer un méchant tour. Je demande encore :

— Enfin quoi, cette maison, elle existe ?

— Certainement. Héhéhé !

— Elle est solide, au moins ? Elle ne va pas me tomber sur la tête ?

— Hoho ! Certainement non !

— Alors ? Qu'est-ce qu'il y a de drôle ?

— Mais rien, je vous dis ! D'ailleurs, voici la clef, vous irez voir vous-même... Bonne chance ! Houhouhou !

Je prends la clé, je sors, et je vais visiter la maison. C'était ma foi, une fort jolie petite maison, coquette, bien exposée, avec chambre, cuisine, salle de bains, living-room, pipi-room et placard aux balais. La visite une fois terminée, je me dis :

— Si j'allais saluer mes nouveaux voisins ?

Allez, en route ! Je vais frapper chez mon voisin de gauche :

— Bonjour, voisin ! Je suis votre voisin de droite ! C'est moi qui viens d'acheter la petite maison avec chambre, cuisine, salle de bains, living-room, pipi-room et placard aux balais !

Là-dessus je vois le bonhomme qui devient tout pâle. Il me regarde d'un air horrifié, et pan ! sans une parole, il me claque la porte au nez ! Moi, sans malice, je me dis :

— Tiens ! Quel original !

Et je vais frapper chez ma voisine de droite :

— Bonjour, voisine ! Je suis votre voisin de gauche ! C'est moi qui viens d'acheter la petite maison avec chambre, cuisine, salle de bains, living-room, pipi-room et placard aux balais !

Là-dessus, je vois la vieille qui joint les mains, me regarde avec infiniment de compassion et se met à gémir !

— Hélà, mon pauv' Monsieur, v'avez ben du malheur ! C'est-y pas une misére, un gentil p'tit jeune homme comme vous ! Enfin p'tête ben qu'vous vous en sortirez... Tant qu'y a d'la vie y a d'l'espoir, comme on dit, et tant qu'on a la santé...

Moi, d'entendre ça, je commence à m'inquieter :

— Mais enfin, chère Madame, pouvez-vous m'expliquer, à la fin ? Toutes les personnes à qui je parle de cette maison...

Mais la vieille m'interrompt aussitôt :

— Excusez-moi, mon bon Monsieur, mais j'ai mon rôti au four... Faut que j'y alle voir si je veux point qu'y grâle !

Et pan ! Elle me claque la porte au nez, elle aussi.

Cette fois, la colère me prend. Je retourne chez le notaire et je lui dis :

— Maintenant, vous allez me dire ce qu'elle a de particulier, ma maison, que je m'amuse avec vous ! Et si vous ne voulez pas me le dire, je vous casse la tête !

Et, en disant ces mots, j'attrape le gros cendrier de verre. Cette fois, le type ne rit plus :

— Hélà, doucement ! Calmez-vous, cher Monsieur ! Posez ça là ! Asseyez-vous !

— Parlez d'abord !

— Mais oui, je vais parler ! Après tout, main

tenant que le contrat est signé, je peux bien vous
le dire... la maison est hantée !

— Hantée ? Hantée par qui ?

— Par la sorcière du placard aux balais !

— Vous ne pouviez pas me le dire plus tôt ?

— Eh non ! Si je vous l'avais dit, vous n'auriez
plus voulu acheter la maison, et moi je voulais la
vendre. Hihihi !

— Finissez de rire, ou je vous casse la tête !

— C'est bon, c'est bon...

— Mais dites-moi donc, j'y pense : Je l'ai
visité, ce placard aux balais, il y a un quart
d'heure à peine... Je n'y ai pas vu de sorcière !

— C'est qu'elle n'y est pas dans la journée !
Elle ne vient que la nuit !

— Et qu'est-ce qu'elle fait, la nuit ?

— Oh ! Elle se tient tranquille, elle ne fait pas
de bruit, elle reste là, bien sage, dans son placard... seulement, attention ! Si vous avez le
malheur de chanter :

> *Sorcière, sorcière,*
> *Prends garde à ton derrière !*

A ce moment-là, elle sort... Et c'est tant pis pour
vous !

Moi, en entendant ça, je me relève d'un bond
et je me mets à crier :

— Espèce d'idiot ! Vous aviez bien besoin de
me chanter ça ! Jamais il ne me serait venu l'idée

106

d'une pareille ânerie ! Maintenant, je ne vais plus penser à autre chose !

— C'est exprès ! Hihihi !

Et comme j'allais sauter sur lui, le notaire s'enfuit par une porte dérobée.

Que faire ? Je rentre chez moi en me disant :

— Après tout, je n'ai qu'à faire attention... Essayons d'oublier cette chanson idiote !

Facile à dire ! Des paroles comme celles-là ne se laissent pas oublier ! Les premiers mois, bien sûr, je me tenais sur mes gardes... Et puis, au bout d'un an et demi, la maison, je la connaissais, je m'y étais habitué, elle m'était familière... Alors j'ai commencé à chanter la chanson pendant le jour, aux heures où la sorcière n'était pas là... Et puis dehors, où je ne risquais rien... Et puis je me suis mis à la chanter la nuit, dans la maison mais pas entièrement ! Je disais simplement :

*Sorcière, sorcière...*

et puis je m'arrêtais. Il me semblait alors que la porte du placard aux balais se mettait à frémir... Mais comme j'en restais là, la sorcière ne pouvait rien. Alors, voyant cela, je me suis mis à en dire chaque jour un peu plus : *Prends garde...* puis *Prends garde à...* et puis *Prends garde à ton...* et enfin *Prends garde à ton derr...* je m'arrêtais juste à temps ! Il n'y avait plus de doute,

107

la porte frémissait, tremblait, sur le point de s'ouvrir... Ce que la sorcière devait rager, à l'intérieur !

Ce petit jeu s'est poursuivi jusqu'à Noël dernier. Cette nuit-là, après avoir réveillonné chez des amis, je rentre chez moi, un peu pompette, sur le coup de quatre heures du matin, en me chantant tout au long de la route :

*Sorcière, sorcière,*
*Prends garde à ton derrière !*

Bien entendu, je ne risquais rien, puisque j'étais dehors. J'arrive dans la grand-rue : *Sorcière, sorcière...* je m'arrête devant ma porte : *Prends garde à ton derrière !...* Je sors la clef de ma poche : *Sorcière, sorcière,* je ne risquais toujours rien... Je glisse la clef dans la serrure : *Prends garde à ton derrière...* Je tourne, j'entre, je retire la clef, je referme la porte derrière moi, je m'engage dans le couloir en direction de l'escalier...

*Sorcière, sorcière,*
*Prends garde à ton derrière !*

Zut ! Ça y était ! Cette fois, je l'avais dit ! Au même moment j'entends, tout près de moi, une petite voix pointue, aigre, méchante :

— Ah, vraiment ! Et pourquoi est-ce que je dois prendre garde à mon derrière ?

C'était elle. La porte du placard était ouverte, et elle était campée dans l'ouverture, le poing droit sur la hanche et un de mes balais dans la main gauche. Bien entendu, j'essaye de m'excuser :

— Oh ! Je vous demande pardon, Madame ! C'est un moment de distraction... J'avais oublié que... Enfin, je veux dire... J'ai chanté ça sans y penser...

Elle ricane doucement :

— Sans y penser ? Menteur ! Depuis deux ans tu ne penses qu'à ça ! Tu te moquais bien de moi, n'est-ce pas, lorsque tu t'arrêtais au dernier mot, à la dernière syllabe ! Mais moi, je me disais : Patience, mon mignon ! Un jour, tu la cracheras, ta petite chanson, d'un bout à l'autre, et ce jour-là ce sera mon tour de m'amuser... Eh bien, voilà ! C'est arrivé !

Moi, je tombe à genoux et je me mets à supplier :

— Pitié, Madame ! Ne me faites pas de mal ! Je n'ai pas voulu vous offenser ! J'aime beaucoup les sorcières ! J'ai de très bonnes amies sorcières ! Ma pauvre mère elle-même était sorcière ! Si elle n'était pas morte, elle pourrait vous le dire... Et puis d'ailleurs, c'est aujourd'hui Noël ! Le petit Jésus est né cette nuit... Vous ne pouvez pas me faire disparaître un jour pareil !...

La sorcière me répond :

— Taratata ! Je ne veux rien entendre ! Mais puisque tu as la langue si bien pendue, je te propose une épreuve : tu as trois jours, pour me demander trois choses. Trois choses impossibles ! Si je te les donne, je t'emporte. Mais si, une seule des trois, je ne suis pas capable de te la donner, je m'en vais pour toujours et tu ne me verras plus. Allez, je t'écoute !

Moi, pour gagner du temps, je lui réponds :

— Ben, je ne sais pas... Je n'ai pas d'idée... Il faut que je réfléchisse... Laissez-moi la journée !

— C'est bon, dit-elle, je ne suis pas pressée. A ce soir !

Et elle disparaît.

Pendant une bonne partie de la journée, je me tâte, je me creuse, je me fouille les méninges — et tout à coup je me souviens que mon ami Bachir a deux petits poissons dans un bocal, et que ces deux petits poissons, m'a-t-il dit, sont *magiques*. Sans perdre une seconde, je fonce rue Broca et je demande à Bachir :

— Tu as toujours tes deux poissons ?

— Oui. Pourquoi ?

— Parce que, dans ma maison, il y a une sorcière, une vieille, une méchante sorcière. Ce soir, je dois lui demander quelque chose d'impossible. Sinon, elle m'emportera. Tes petits poissons pourraient peut-être me donner une idée ?

— Sûrement, dit Bachir. Je vais les chercher.

110

Il s'en va dans l'arrière-boutique, puis il revient avec un bocal plein d'eau dans lequel nagent deux petits poissons, l'un rouge et l'autre jaune tacheté de noir. C'est bien vrai qu'ils ont l'air de poissons magiques. Je demande à Bachir :

— Maintenant, parle-leur !

— Ah non ! répond Bachir. Je ne peux pas leur parler moi-même, ils ne comprennent pas le français. Il faut un interprète !

— Ne t'en fais pas. Moi, j'en ai un.

Et voilà mon Bachir qui se met à chanter :

> *Petite souris*
> *Petite amie*
> *Viens par ici*
> *Parle avec mes petits poissons*
> *Et tu auras du saucisson !*

A peine a-t-il fini de chanter qu'une adorable souris grise arrive en trottinant sur le comptoir, s'assied sur son petit derrière à côté du bocal et pousse trois petits cris, comme ceci :

— Hip ! Hip ! Hip !

Bachir traduit :

— Elle dit qu'elle est prête. Raconte-lui ce qui t'est arrivé.

Je me penche vers la souris et je lui raconte tout : le notaire, la maison, les voisins, le placard, la chanson, la sorcière et l'épreuve qu'elle m'a imposée. Après m'avoir écouté en silence, la souris se retourne vers les petits poissons et leur dit dans sa langue :

— Hippi hipipi pipi ripitipi...

Et comme ça pendant cinq minutes.

Après avoir, eux aussi, écouté en silence, les poissons se regardent, se consultent, se parlent à l'oreille, et pour finir le poisson rouge monte à la surface de l'eau et ouvre plusieurs fois la bouche avec un petit bruit, à peine perceptible :

— Po — po — po — po...

Et ainsi de suite, pendant près d'une minute.

Quand c'est fini, la petite souris se retourne vers Bachir et recommence à pépier :

— Pipiri pipi ripipi.

Je demande à Bachir :

— Qu'est-ce qu'elle raconte ?

Il me répond :

— Ce soir, quand tu verras la sorcière, demande-lui des bijoux en caoutchouc, qui brillent comme des vrais. Elle ne pourra pas te les donner.

Je remercie Bachir, Bachir donne une pincée de daphnies aux petits poissons, à la souris une rondelle de saucisson, et sur ce nous nous séparons.

Dans le couloir, la sorcière m'attendait :

— Alors ? Qu'est-ce que tu me demandes ?

Sûr de moi, je réponds :

— Je veux que tu me donnes des bijoux en caoutchouc qui brillent comme des vrais !

Mais la sorcière se met à rire :

— Haha ! Cette idée-là n'est pas de toi ! Mais peu importe, les voilà !

Elle fouille dans son corsage, et en tire une poignée de bijoux : deux bracelets, trois bagues et un collier, tout ça brillant comme de l'or, étincelant comme du diamant, de toutes les couleurs — et mou comme de la gomme à crayon !

— A demain, me dit-elle, pour la deuxième demande ! Et cette fois, tâche d'être un peu plus malin !

Et hop ! La voilà disparue.

Le lendemain matin, j'emporte les bijoux chez un de mes amis qui est chimiste, et je lui dis :

— Qu'est-ce que c'est que cette matière ?

— Fais voir, me dit-il.

Et il s'enferme dans son laboratoire. Au bout d'une heure il en ressort en me disant :

— Ça, c'est extraordinaire ! Ils sont en caoutchouc ! Je n'ai jamais vu ça ! Tu permets que je les garde ?

Je lui laisse les bijoux et je retourne chez Bachir.

— Les bijoux, ça ne va pas, je lui dis. La sorcière me les a donnés tout de suite.

— Alors, il faut recommencer, dit Bachir.

Il retourne chercher le bocal, le pose sur le comptoir et se remet à chanter :

114

*Petite souris*
*Petite amie*
*Viens par ici*
*Parle avec mes petits poissons*
*Et tu auras du saucisson !*

La petite souris accourt, je la mets au courant, elle traduit, puis recueille la réponse et transmet à Bachir :

— Pipi pirripipi hippi hippi hip !

— Qu'est-ce qu'elle dit ?

Et Bachir me traduit :

— Demande à la sorcière une branche de l'arbre à macaroni, et repique-la dans ton jardin pour voir si elle pousse !

Et, le soir même, je dis à la sorcière :

— Je veux une branche de l'arbre à macaroni !

— Huha ! Cette idée-là n'est pas de toi ! Mais ça ne fait rien : voilà !

Et crac ! Elle sort de son corsage un magnifique rameau de macaroni en fleurs, avec des branchettes en spaghetti, de longues feuilles en nouilles, des fleurs en coquillettes, et même de petites graines en forme de lettres de l'alphabet !

Je suis bien étonné, mais tout de même, j'essaie de chercher la petite bête :

— Ce n'est pas une branche d'arbre, ça, ça ne repousse pas !

— Crois-tu ? dit la sorcière. Eh bien, repi-

115

que-la dans ton jardin, et tu verras ! Et à demain soir !

Moi, je ne fais ni une ni deux, je sors dans le jardin, je creuse un petit trou dans une plate-bande, j'y plante la branche de macaroni, j'arrose et je vais me coucher. Le lendemain matin, je redescends. La branche est devenue énorme : c'est presque un petit arbre, avec plusieurs nouvelles ramures, et deux fois plus de fleurs. Je l'empoigne à deux mains, j'essaie de l'arracher... impossible ! Je gratte la terre autour du tronc, et je m'aperçois qu'il tient au sol par des centaines de petites racines en vermicelle... Cette fois, je suis désespéré. Je n'ai même plus envie de retourner chez Bachir. Je me promène dans le pays, comme une âme en peine, et je vois les bonnes gens se parler à l'oreille, quand ils me regardent passer. Je sais ce qu'ils se disent !

— Pauvre petit jeune homme ! Regardez-le ! C'est sa dernière journée, ça se voit tout de suite ! La sorcière va sûrement l'emporter cette nuit !

Sur le coup de midi, Bachir me téléphone :

— Alors ? Ça a marché ?

— Non, ça n'a pas marché. Je suis perdu. Ce soir, la sorcière va m'emporter. Adieu, Bachir !

— Mais non, rien n'est perdu, qu'est-ce que tu racontes ? Viens tout de suite, on va interroger les petits poissons !

— Pour quoi faire ? Ça ne sert à rien !

— Et ne rien faire, ça sert à quoi ? Je te dis de venir tout de suite ! C'est honteux de se décourager comme ça !

— Bon, si tu veux, je viens...

Et je vais chez Bachir. Quand j'arrive, tout est prêt : le bocal aux poissons et la petite souris, assise à côté.

Pour la troisième fois je raconte mon histoire, la petite souris traduit, les poissons se consultent longuement, et c'est le poisson jaune, cette fois, qui remonte à la surface et se met à bâiller en mesure :

— Po —po — po — po — po — po — po...

Pendant près d'un quart d'heure.

La souris à son tour se retourne vers nous et fait tout un discours, qui dure bien dix minutes.

Je demande a Bachir :

— Mais qu'est-ce qu'ils peuvent raconter ?

Bachir me dit :

— Écoute bien, et fais très attention, car ce n'est pas simple ! Ce soir, en retournant chez toi, demande a la sorcière qu'elle te donne la grenouille à cheveux. Elle sera bien embarrassée, car la grenouille à cheveux, c'est la sorcière elle même. Et la sorcière n'est rien d'autre que la grenouille à cheveux qui a pris forme humaine. Alors, de deux choses l'une : ou bien elle ne peut pas te la donner, et en ce cas elle est obligée de partir pour toujours — ou bien elle voudra te la montrer quand même, et pour cela elle sera obligée de se transformer. Dès qu'elle sera devenue grenouille à cheveux, toi, attrape-la et ligote-la bien fort et bien serré avec une grosse ficelle. Elle ne pourra plus se dilater pour redevenir sorcière. Après cela, tu lui raseras les cheveux, et ce ne sera plus qu'une grenouille ordinaire, parfaitement inoffensive.

Cette fois, l'espoir me revient. Je demande à Bachir :

— Peux-tu me vendre la ficelle ?

Bachir me vend une pelote de grosse ficelle, je remercie et je m'en vais. Le soir venu, la sorcière est au rendez-vous :

— Alors, mignon, c'est maintenant que je t'emporte ? Qu'est-ce que tu vas me demander à présent ?

Moi, je m'assure que la ficelle est bien déroulée dans ma poche, et je réponds :

— Donne-moi la grenouille à cheveux !

Cette fois, la sorcière ne rit plus. Elle pousse un cri de rage :

— Hein ? Quoi ? Cette idée-là n'est pas de toi ! Demande-moi autre chose !

Mais je tiens bon :

— Et pourquoi autre chose ? Je ne veux pas autre chose, je veux la grenouille à cheveux !

— Tu n'as pas le droit de me demander ça !

— Tu ne peux pas me donner la grenouille à cheveux ?

— Je peux, mais ce n'est pas de jeu !

— Alors, tu ne veux pas ?

— Non, je ne veux pas !

— En ce cas, retire-toi. Je suis ici chez moi !

A ce moment, la sorcière se met à hurler :

— Ah, c'est comme ça ! Eh bien, la voilà, puisque tu la veux, ta grenouille à cheveux !

Et je la vois qui se ratatine, qui rapetisse, qui rabougrit, qui se dégonfle et se défait, comme si elle fondait, tant et si bien que cinq minutes après je n'ai plus devant moi qu'une grosse grenouille verte, avec plein de cheveux sur la tête, qui se traîne sur le parquet en criant comme si elle avait le hoquet :

— Coap ! Coap ! Coap ! Coap !

Aussitôt, je saute sur elle, je la plaque sur le sol, je tire la ficelle de ma poche, et je te la prends, et je te la ligote, et je te la saucissonne... Elle se tortille, elle étouffe presque, elle essaie de se regonfler... mais la ficelle est trop serrée ! Elle me regarde avec des yeux furieux en hoquetant comme elle peut :

— Coap ! Coap ! Coap ! Coap !

Moi, sans perdre de temps, je l'emporte dans la salle de bains, je la savonne, je la rase, après quoi je la détache et je la laisse passer la nuit dans la baignoire, avec un peu d'eau dans le fond.

Le lendemain, je la porte à Bachir, dans un bocal avec une petite échelle, pour qu'elle serve de baromètre. Bachir me remercie et place le

nouveau bocal sur une étagère, à côté de celui des poissons.

Depuis ce temps-là, les deux poissons et la grenouille n'arrêtent pas de se parler. La grenouille dit : *Coap ! Coap !* et les poissons. *Po — po !* et cela peut durer des journées entières !

Un beau jour, j'ai demandé à Bachir :

— Et si tu appelais ta souris, qu'on sache un peu ce qu'ils se racontent ?

— Si tu veux ! a dit Bachir.

Et il s'est remis à chanter :

> *Petite souris*
> *Petite amie*
> *Viens par ici...*

Quand la souris est venue, Bachir lui a demandé d'écouter et de traduire. Mais la souris, cette fois, a refusé tout net.

— Pourquoi ? ai-je demandé.

Et Bachir a répondu :

— Parce que ce ne sont que des gros mots !

Voilà l'histoire de la sorcière. Et maintenant, quand vous viendrez me rendre visite, soit de jour, soit de nuit, dans la petite maison que j'ai achetée, vous pourrez chanter tout à votre aise :

> *Sorcière, sorcière,*
> *Prends garde à ton derrière !*

Je vous garantis qu'il n'arrivera rien !

121

fin

# table

Pierre Gripari

# La sorcière de la rue Mouffetard
## et autres contes
## de la rue Broca

Supplément réalisé par
Christian Biet,
Jean-Paul Brighelli,
Jean-Luc Rispail,
et Marie-Madeleine Touzin

Illustrations de Bruno Pilorget

# SOMMAIRE

# ÊTES-VOUS SORCIER ENCHANTEUR OU FÉE ?

Pour le savoir, répondez aux questions suivantes en choisissant à chaque fois la proposition qui correspond le mieux à votre caractère. Comptez ensuite le nombre de * obtenus, puis rendez-vous à la page des solutions afin de connaître le verdict..

**1.** *En quoi changeriez-vous votre meilleur ami si vous aviez à opérer une telle métamorphose ?*
**A.** En singe ****
**B.** En âne ***
**C.** En ordinateur **
**D.** En libellule *

**2.** *Quel est votre plat préféré ?*
**A.** Le vol-au-vent **
**B.** L'étoile de mer *
**C.** Le steak tartare ****
**D.** Le poisson cru ***

**3.** *Donneriez-vous à quelqu'un le pouvoir de :*
**A.** Faire pleuvoir ****
**B.** Passer entre les murs **
**C.** Devenir invisible ***
**D.** Voler dans les airs *

**4.** *Aimeriez-vous vivre dans :*
**A.** Une caravane ***
**B.** Un château *
**C.** Une grotte ****
**D.** Une tente **

**5.** *Choisiriez-vous comme objet magique :*
**A.** Une contrebasse **
**B.** Un chaudron ****
**C.** Un râteau ***
**D.** Un violon *

**6.** *Votre loisir préféré est :*
**A.** Le patin à roulettes **
**B.** La spéléologie ****
**C.** Le deltaplane *
**D.** La chasse ***

**7.** *Vous aimeriez vous déplacer :*
**A.** En montgolfière *
**B.** En métro ****
**C.** En sous-marin ***
**D.** A moto **

**8.** *Le vendredi soir, vous aimez :*
**A.** Aller dans la forêt ****
**B.** Danser *
**C.** Regarder la télévision **
**D.** Vous réunir avec vos amis ***

**9.** *Vous aimeriez partir en voyage :*
**A.** Sur la Lune *
**B.** Sur le mont Blanc **
**C.** En Forêt-Noire ***
**D.** Au centre de la Terre ****

**10.** *Vous aimeriez recevoir en cadeau :*
**A.** Une ceinture de soie *
**B.** Un collier de dents de tigre ****
**C.** Une casserole ***
**D.** Une couronne **

**11.** *Votre animal favori est :*
**A.** La biche *
**B.** La gazelle **
**C.** Le porc-épic ***
**D.** La chouette ****

**12.** *Votre livre préféré est :*
**A.** « Cendrillon » *
**B.** « Alice au Pays des merveilles » **
**C.** « Un bon petit diable » ***
**D.** « Le Fantôme de Canterville » ****

**13.** *Votre fleur préférée est :*
**A.** La marguerite **
**B.** La rose ***
**C.** Le chardon ****
**D.** Le lys *

**14.** *Votre couleur préférée est :*
**A.** Le blanc **
**B.** Le bleu *
**C.** Le rouge ***
**D.** Le noir ****

**15.** *Que préférez-vous boire ?*
**A.** De la limonade **
**B.** De l'hydromel *
**C.** Du jus de betterave ***
**D.** De l'huile de foie de morue ****

**16.** *Votre fruit préféré est :*
**A.** La noix ****
**B.** Le citron ***
**C.** Le fruit de la passion *
**D.** La fraise **

**17.** *A quelle époque auriez-vous aimé vivre ?*
**A.** Sous Louis XIV *
**B.** Pendant la préhistoire ***
**C.** Au XXIᵉ siècle **
**D.** Au Moyen Age ****

**18.** *Votre héros préféré est :*
**A.** Zorro ***
**B.** Tintin **
**C.** Panoramix ****
**D.** Superman *

**19.** *Vous aimeriez vous transformer en :*
**A.** Oiseau *
**B.** Moustique ****
**C.** Abeille **
**D.** Lézard ***

**20.** *Si vous étiez marchand, vous aimeriez vendre :*
**A.** Des poux ****
**B.** Des fils de toile d'araignée *
**C.** Des vers de terre ***
**D.** Des coccinelles **

*Solutions page 151*

# 1
# LA SORCIÈRE
# DE LA RUE MOUFFETARD

## Les autres communiqués
## du « Journal des sorcières »

Vous avez lu le communiqué du journal : « MADAME, vous qui êtes VIEILLE et LAIDE, vous deviendrez JEUNE et JOLIE ! Et pour cela : MANGEZ UNE PETITE FILLE à la sauce tomate ! »

Imaginez à présent d'autres annonces fondées sur le même principe et ne concernant plus les vieilles sorcières mais d'autres personnages qui pourraient être tout aussi inquiétants :

MONSIEUR, vous qui êtes ...... et ......, vous deviendrez ...... et ...... ! Et pour cela : MANGEZ ..... !

MADEMOISELLE, vous qui êtes ...... et ......, vous deviendrez .... et ...... ! Et pour cela : MANGEZ .... . !

PETITE FILLE, vous qui êtes ...... et ......, vous deviendrez ...... et ...... ! Et pour cela : MANGEZ ...... !

JEUNE HOMME, vous qui êtes ...... et ......, vous deviendrez ...... et ...... ! Et pour cela : MANGEZ ...... !

Choisissez un de ces quatre cas et racontez-en l'histoire à vos amis, en imaginant les obstacles que votre héros ou votre héroïne rencontrera dans la réalisation de son projet. Faites votre récit par oral pendant au moins deux minutes, ou par écrit en vingt lignes minimum.

## Les pouvoirs de la sorcière
## aux 267 visages

1. Tout se passe très bien dans ce conte pour Nadia et Bachir, mais il aurait suffi que la sorcière ait quelques pouvoirs supplémentaires pour que la situation soit renversée... En donnant à cet être malfaisant un pouvoir ou deux de plus, menez-le au succès de son entreprise. Racontez cette nouvelle fin en dix images (dessins, collages, bande dessinée, etc.).

**2.** Si vous avez un public, prenez la place de la sorcière (déguisez-vous au besoin) et, en imitant sa voix, racontez ce que vous avez fait pour devenir jeune et jolie.

## La recette de la petite fille
## à la sauce tomate

Nous savons que la sorcière doit manger Nadia. Soit ! Mais selon quelle recette va-t-elle l'accommoder ? Et si vous en inventiez une ? Pour cela, complétez donc le texte suivant, en vous aidant, au besoin, d'un livre de cuisine.

a) Ingrédients :
- une petite fille de ... kilos dont le prénom commence par un N,
- une grosse boîte de sauce tomate,
- .. ..

b) Recette :
Prenez..., coupez..., faites revenir..., ajoutez..., mettez..., laissez cuire..., faites cuire à part..., au dernier moment..., servez avec..., etc.

Si vous trouvez que votre recette est réussie, imaginez-en d'autres...

## Le lapsus révélateur

**1.** Interrogée par Papa Saïd, la sorcière ne cesse de se trahir ; elle réclame continuellement Nadia, au lieu de demander une boîte de sauce tomate, par exemple... Elle essaie de cacher à Papa Saïd ses intentions, mais sa pensée va plus vite que ses paroles : c'est ce qu'on appelle un lapsus. Vous avez sûrement dû vous trouver dans une situation semblable : vous ne vouliez pas dire quelque chose, et puis « ça vous a échappé... ». Racontez donc ce moment en une dizaine de lignes et essayez d'être drôle !

**2.** Votre meilleur ami vous déclare que vous ne vous séparerez jamais, puis il ajoute : « Tu sais, moi je t'aime bien parce que tu es la personne la moins sympa que je connaisse, euh... je voulais dire la plus sympa... » Il est gêné. Que faites-vous ? Racontez votre réaction en une dizaine de lignes.

# Mots en équerre

Vous allez devoir découvrir le nom d'un ami des sorcières. Pour cela, remplissez les cases des équerres grâce aux définitions suivantes :

1. Animal fabuleux doté d'une corne.
2. Il a trouvé un chat.
3. La septième planète.
4. Les sorcières modernes pourraient s'en servir pour se déplacer au lieu du traditionnel balai...
5. Sa bave est précieuse dans la préparation de certains philtres.
6. Les sorcières n'en ont jamais peur, même quand il est noir.
7. La sorcellerie l'était strictement au Moyen Age.
8. Un drôle de reptile qui a souvent une apparence diabolique.
9. D'une certaine manière, c'est une bonne sorcière.
10. Ainsi est le pied du diable.
11. De tels films plaisent sûrement aux sorcières.
12. Le crapaud qui veut se faire aussi gros que le bœuf le devient.
13. Mieux vaut ne pas subir celle d'une sorcière.
14. Un supplice qu'on infligeait jadis aux sorcières

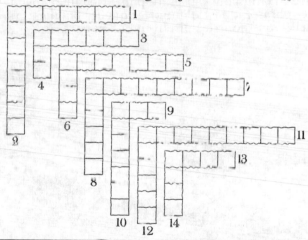

# 2
# LE GÉANT
# AUX CHAUSSETTES ROUGES

## Par la vertu des chaussettes rouges !

**1.** Le géant a des chaussettes rouges, d'accord, mais à quoi lui servent-elles ? Quel est donc le pouvoir de ces chaussettes magiques ? (Notez que le géant s'en sert deux fois dans cette histoire...)

**2.** Maintenant que vous avez trouvé leur pouvoir, imaginez ce que le géant aurait pu faire grâce à elles en Chine, en Bretagne et à Rome (donnez suffisamment de détails pour écrire dix lignes par lieu, illustrées de trois dessins).

## Polyglottes, à vous de jouer !

« Yong tchotchotcho kong kong ngo » signifie tout ce qu'on veut en chinois, selon l'auteur. Comme « schtroumpf » ou à peu près, en langage schtroumpf. Essayez à présent d'inventer deux autres phrases clés : l'une en breton, que le géant utiliserait avec le sorcier, l'autre en latin pour parler au pape. Imaginez ensuite une autre phrase, dans n'importe quelle langue, grâce à laquelle vous pourriez dire tout et son contraire...

# Le village et le géant

**1.** Aux yeux du blanchisseur, les chaussettes du géant sont deux sacs de couchage. Essayez d'imaginer ce que seraient pour lui les autres effets du géant :
- ses chaussures
- son pantalon
- sa chemise
  son chapeau, etc.

**2.** Jouez le rôle du blanchisseur et racontez à vos amis votre étonnement en décrivant le géant à l'aide des mots que vous aurez trouvés : « J'ai rencontré un personnage énorme qui avait deux sacs de couchage aux pieds ; il était chaussé de ... et vêtu de ... »

**3.** Inversement, comment le géant voit-il le monde des hommes ? Que deviennent :
- les voitures
- les maisons
- les routes, etc.

**4.** Jouez maintenant le rôle du géant et décrivez le village. « J'ai vu un drôle d'endroit avec des sortes de ... qui avançaient à toute vitesse sur des ... »

# 3
# LA PAIRE DE CHAUSSURES

## Il y a paire et père !

**1.** Avec leur histoire incroyable, Nicolas et Tina ont créé un désordre diabolique dans notre vocabulaire. Remettez chaque mot à sa place et cherchez-en le sens en vous aidant d'un dictionnaire :

|  |  |
|---|---|
| Un nombre...... | perd |
| Athéna a les yeux..... | paire |
| Le...... de famille | pers |
| Il...... son temps | père |
| Une...... de lunettes | pair |
| Un...... de France | pair |

**2.** Réalisez maintenant le plus difficile : écrivez deux phrases seulement, comportant tous ces mots homonymes et faites en sorte que ces deux phrases aient quand même un sens un peu cohérent...

*Solutions page 152*

## Dites-le avec des gants

Imaginez que ce soient vos gants qui soient amoureux l'un de l'autre. Comment vous en apercevriez-vous ? Décrivez l'intimité qu'ils auraient malgré vous, au risque de vous gêner. Que faire dans une telle situation ? Faut-il les séparer ? Faut-il vous en séparer ? Racontez l'histoire en vingt lignes, ou mieux, par oral, en jouant avec vos mains gantées...

## Reportage

Vous êtes reporter-photographe. Vous avez réussi à suivre Nicolas et Tina durant leur voyage de noces. Faites votre article en utilisant de gros titres, des sous-titres, des photos de chaussures (collages), des témoignages divers (le pêcheur qui les a vus passer, celui qui les a pêchés, etc.). N'ayez pas peur d'imaginer des rebondissements extraordinaires !

# 4
# SCOUBIDOU, LA POUPÉE QUI SAIT TOUT

## Douze questions pour tout savoir

Attention, ce jeu consiste à mettre à l'épreuve vos capacités de lecture ; vous n'avez donc pas le droit de revenir au roman et, à fortiori, de regarder les réponses...

**1.** *La poupée appartient à :*
**A.** Nadia
**B.** Bachir
**C.** Malika

**2.** *Elle est en :*
**A.** Chiffon
**B.** Caoutchouc
**C.** Bois

**3.** *Elle a le pouvoir de .*
**A.** Deviner ce qui est caché
**B.** Guérir les maladies
**C.** Changer les objets en perles

**4.** *Les verres de ses lunettes sont en :*
**A.** Métal
**B.** Plastique
**C.** Bois

**5.** *Elle met ses lunettes pour :*
**A.** Voir
**B.** Prévoir l'avenir
**C.** Protéger ses yeux

**6.** *Le capitaine du bateau l'emmène pour .*
**A.** Prévoir le temps
**B.** Distraire l'équipage
**C.** La donner à sa petite fille

**7.** *Dans la cabine elle est .*
**A.** Assise sur une chaise
**B.** Pendue à la cloison
**C.** Allongée sur le lit

**8.** *Elle tombe dans la gueule d'un requin parce que :*
**A.** Elle a glissé sur le pont
**B.** Le bateau a fait naufrage
**C.** Elle a été jetée à la mer

**9.** *Le requin est .*
**A.** Gourmand
**B.** Vorace
**C.** Frugal

**10.** *L'huître remercie Scoubidou :*
**A.** De lui avoir enlevé la perle
**B.** De lui avoir prédit l'avenir
**C.** De l'avoir fait sortir du requin

**11.** *Elle revient à Paris :*
**A.** En bateau
**B.** Portée par le requin
**C.** A la nage

**12.** *Elle arrive*
**A.** Le soir
**B.** La nuit
**C.** Le matin

*Solutions page 152*

# La chanson magique

Bachir voulait passionnément un vélo. Et vous, de quoi avez-vous envie ? Faites vous-même votre chanson magique en vous inspirant de celle du conte et en faisant rimer les éléments de la description avec la formule magique : « poil de... »

Papa veut ......
un(e) tout(e) petit(e) ......
comme un(e) ......
avec ......
poil de ......
avec un(e) ......
poil de ......
avec des ......
poil de ......
avec un(e) ......
poil de ......
et un(e) ... ..
poil de ......
C'est pour (inscrivez ici votre nom) ......
poil de (faites rimer quelque chose avec votre nom) ......

A titre d'exemple, voici le texte que vous pourriez écrire :

Papa veut un ordinateur
Un tout petit ordinateur
comme un poil de moteur
avec un écran
poil d'élan
avec un clavier
poil d'épervier...

Vous n'avez plus qu'à faire répéter ça toute la nuit par votre poupée...

# 5
# HISTOIRE DE LUSTUCRU
## L'auriez-vous cru ?

Un Lustucru, c'est un pauvre diable, un homme ridicule. L'origine de son nom est peut-être : « l'eusses-tu cru ? », phrase que répétait celui qui jouait le niais dans les comédies populaires.

## La chanson du bon père Lustucru, selon Pierre Gripari et selon vous

Voici, pour vous rafraîchir la mémoire, la chanson bien connue de *La mère Michel* :

C'est la mère Michel qui a perdu son chat,
Qui cri' par la fenêtr' qui est-c' qui lui rendra ;
Et l'compèr' Lustucru
Qui lui a répondu :
« Allez, la mèr' Michel, votr' chat n'est pas perdu. »

C'est la mère Michel qui lui a demandé :
« Mon chat n'est pas perdu... Vous l'avez donc trouvé ? »
Et l'compèr' Lustucru
Qui lui a répondu :
« Contre une récompense il vous sera rendu. »

Et la mère Michel lui dit : « C'est décidé :
Si vous rendez mon chat vous aurez un baiser. »
Et l'compèr' Lustucru,
Qui n'en a pas voulu,
Lui dit : « Comme lapin votre chat est vendu. »

Vous avez la vraie chanson, vous connaissez la nouvelle histoire, à vous de composer maintenant ! Pour vous aider, nous avons imaginé les deux premiers couplets.

C'est un roi barbare qui eut un enfant,
Il était immortel et donc toujours vivant,
Il s'app'lait Lustucru,
Comm'la fée le voulut,
Il traversa les siècl', c'est ainsi qu'il vécut.

Le bon fils Lustucru devint un vrai héros,
Il vainquit les méchants, les maigres et les gros,
Mais avec ce nom-là,
Personne ne voudra
Retenir aisément aucun de ses exploits.

A Rome.................................
............................................
..............................
..............................
.............................. ............

La sorcière lui dit d'entrer dans une chanson,
.................................................... maison
Et puis il kidnappa
Un joli petit ......,
Le chat d'la mère Michel, celle qu'il épousa.

Depuis tous les enfants reprennent en chantant
L'histoire merveilleus' de ces jeunes amants,
Et ils chantent en chœur,
En la sachant par ......,
La chanson bien connue qui ne leur fait pas ...... .

C'est la mère .......

## Un peu d'histoire

Sous quel nom célèbre Lustucru a-t-il accompli ses exploits ? Aidez-nous à apprendre l'histoire aux enfants de France, en relisant le conte. Retrouvez pour chaque phrase le personnage qu'il incarne ou qui lui correspond.

A. Celui qui dirige la conquête de la Gaule est Lustucru et non ......
B. Pendant l'épisode du vase de Soissons, Lustucru s'oppose à ......
C. Celui qui remporte la bataille de Poitiers est Lustucru et non ......
D. Lors de l'épisode de Roncevaux, Lustucru est ......
E. Lors de la conquête de l'Angleterre, Lustucru est ......
F. Pendant le siège d'Orléans, Lustucru est ......
G. Pendant la bataille du pont d'Arcole, Lustucru est ......
H. Lors de l'appel du 18 juin 1940, Lustucru est ......

*Solutions page 152*

# 6
# LA FÉE DU ROBINET

## Dix questions sur les robinets

Répondez aux questions qui suivent sans vous reporter au livre puis rendez-vous à la page des solutions pour vérifier vos réponses.

**1.** *La fée vivait autrefois :*
**A.** Dans une fontaine
**B.** Dans un lac
**C.** Dans une source

**2.** *Elle aboutit à un robinet :*
**A.** De cuisine
**B.** De salle de bains
**C.** De chasse d'eau

**3.** *Elle arrive dans une famille de :*
**A.** Paysans
**B.** Ouvriers
**C.** Médecins

**4.** *Elle a des ailes de :*
**A.** Libellule
**B.** Colombe
**C.** Papillon

**5.** *Elle donne le don des perles à la fille :*
**A.** Mal élevée
**B.** Sage
**C.** Bonne

**6.** *Elle donne le don des serpents à la fille :*
**A.** Gourmande
**B.** Paresseuse
**C.** Bonne

**7.** *Les serpents servent à fabriquer :*
**A.** Des sérums
**B.** Des sirops
**C.** Des sacs

**8.** *La fée fait appel à l'enchanteur parce qu'elle est :*
**A.** Fatiguée
**B.** Découragée
**C.** Enervée

**9.** *Elle dessine sur une feuille du cahier de :*
**A.** Nadia
**B.** Bachir
**C.** Marie

**10.** *Pour ôter leur don aux deux filles, l'enchanteur :*
**A.** Leur fait boire une potion
**B.** Les frappe de sa baguette
**C.** Récite une formule

# Encore une bêtise

La fée du robinet s'est encore trompée de formule ! Elle voulait illustrer son histoire, et elle n'a réussi qu'à la couper en deux. Voici ce qui reste de la première page : exactement la moitié. Surtout, ne vous reportez pas au texte original ! Inventez l'autre moitié de manière que le sens de l'ensemble soit cohérent. A vous de jouer. Et comparez avec le texte du livre lorsque vous aurez terminé...

Il était une fois une fée .......................................
qui vivait dans une source, ................................
lage. Vous savez, n'est-ce .................................
autrefois n'était pas chrétie ..............................
les Gaulois adoraient les .....................................
les gens de ce village ado ..................................
portaient à la source des ...................................
des fruits, et même, les jou ...............................
leurs plus beaux habits p ....................................
    Et puis, un jour, la Gau .................................
monsieur le curé interdit ....................................
porter des offrandes et de ..................................
la source. Il prétendait qu ..................................
âmes, et que la fée était un ..............................
savaient bien que ce n'était ..............................
ils n'osaient rien dire, par .................................
du curé. Mais les plus vie ....................................
nuèrent de venir, en cachet ..............................
dons près de la source. Qu ................................
çut, il se fâcha tout rouge .................................
endroit une grande croix d ................................
nisa une procession et pr ....................................
l'eau un tas de paroles ma .................................
chasser la fée. Et les gens ................................
avait réussi à la faire fuir, ...............................
cents ans, plus personne n' ..............................

## Et si les dieux antiques revenaient ?

Dans ce conte, une fée gauloise revient longtemps après dans notre monde. Vous connaissez probablement Zeus (Jupiter), Athéna, Arès (Mars), Poséidon (Neptune) ou d'autres dieux de l'Antiquité (Bélénos, Thor, Odin...). Cherchez leur identité, leur histoire et leurs pouvoirs dans un dictionnaire ou une encyclopédie. Ensuite, imaginez un texte décrivant leur retour parmi nous par un moyen ou par un autre.
- Que feraient-ils ?
- Seraient-ils bien compris ?
- Ne seraient-ils pas ridicules ?
- Comment réagiraient-ils ?
Si vous le désirez, vous pouvez accompagner vos textes de collages ou de dessins

## Apprenez à détourner les contes !

La fée du robinet fait tout de travers – les fées ne sont vraiment plus ce qu'elles étaient ! Imaginez maintenant que la marraine de Cendrillon ou celle de Peau d'Ane aient été aussi maladroites !

**1.** Reprenez les *Contes de ma mère l'Oye* de Perrault et racontez l'histoire de Cendrillon ainsi modifiée : sa marraine lui donne un pouvoir qui, en fait, va lui nuire et la gêner au bal du prince...
(A vous de continuer).

**2.** Appliquez ensuite la même formule à *Peau d'Ane* avec une fée maladroite et distraite.

**3.** Enfin, dans *Blanche Neige,* imaginez que la marâtre jalouse se trompe de formule et que la pomme n'endorme pas la princesse mais la transforme en beau jeune homme, en crapaud, en serpent, etc.

# 7
# LA SORCIÈRE
# DU PLACARD AUX BALAIS

## « C'est moi, monsieur Pierre, qui parle... »

En lisant la préface, vous avez pu comprendre qui était monsieur Pierre. Cette histoire est la dernière et, pour une fois, elle est racontée à la première personne.
- Pourquoi ce changement dans les habitudes du conteur ?
- Croit-on plus facilement les gens lorsqu'ils emploient la première personne ?
Reprenez l'un des contes précédents qui commençaient par « Il était une fois... », et mettez-le également à la première personne en disant que cette histoire est vraiment arrivée et que vous en avez été l'acteur ou le témoin. Réécrivez au moins la première page, vous verrez, vous y croirez vous-même bien davantage encore.

## Annonce immobilière

L'annonce pour la petite villa était facile à lire : elle ne comportait pas d'abréviation. Mais pourriez-vous déchiffrer celle-ci ?

A VENDRE
Imm p.d.t. - appt 3p-cuis-sdb-wc-chf-4ᵉ-asc.

**1.** Rédigez maintenant une annonce pour un château hanté. Il comporte, au milieu d'un parc de 50 hectares, 25 chambres, 14 salles de bains, 3 cuisines, 2 salles à manger, 2 bureaux, une salle de billard et un fantôme.

**2.** En utilisant des abréviations que vous connaissez ou que vous trouverez dans les journaux, inventez à présent plusieurs annonces aussi farfelues que possible mais restez clair !

# Bachir et sa ménagerie magique

Bachir a décidément bien des qualités... Il sait comprendre et utiliser les animaux de sa boutique. Il connaît le langage des souris, les propriétés des poissons, bref, rien de ce qui est magique ou mystérieux ne lui est étranger. Mais savez-vous qu'il a aussi un chat, un chien, deux perruches et trois plantes vertes ?
Quels pourraient bien être leurs pouvoirs mystérieux ? Imaginez une histoire dans laquelle chacun de ces éléments joue un rôle surnaturel.

# Les choses impossibles

**1.** Nous connaissons le secret des poissons magiques pour trouver des choses impossibles ; ils forment des couples qui réunissent deux choses sans rapport direct :

> grenouille à cheveux
> bijoux en caoutchouc
> arbre à macaroni

**2.** En utilisant cette méthode, vous pouvez, vous aussi, trouver un très grand nombre de choses impossibles. A vous de jouer !

| | |
|---|---|
| livre | verre |
| chat | beurre |
| parapluie | bois |
| pingouin | sable |
| stylo | fer |
| balai | poils |
| crocodile | pierre |
| maison | or |

**3.** Maintenant, imaginez une histoire à partir de ces choses impossibles : le balai de sable, le parapluie en or...

# La fin de l'histoire

« Je vous garantis qu'il n'arrivera rien », nous dit monsieur Pierre. Mais, quelques années plus tard, c'est vous qui achetez la petite maison et ..
Décrivez en une dizaine de lignes ce qui vous arrive. Cette fois-ci, c'est vous le conteur.

# 8
# SUR L'ENSEMBLE DU TEXTE
## Vingt questions pour fêter
## votre entrée en sorcellerie

Votre initiation à la sorcellerie a-t-elle porté ses fruits ?
Pour le savoir, répondez aux questions suivantes sans
consulter le livre, bien entendu...

**1.** *Bachir est :*
**A.** Un écolier
**B.** Un lycéen
**C.** Un étudiant

**2.** *La grande sorcière*
*habite rue :*
**A.** Fouettard
**B.** Mouffetard
**C.** Eluard

**3.** *Monsieur Pierre est :*
**A.** Un journaliste
**B.** Un épicier
**C.** Un des conteurs

**4.** *La maison de monsieur*
*Pierre est bon marché car*
*elle est :*
**A.** Petite
**B.** Hantée
**C.** En mauvais état

**5.** *Papa Saïd tient :*
**A.** Une papeterie-buvette
**B.** Une boulangerie-buvette
**C.** Une épicerie-buvette

**6.** *Bachir est :*
**A.** Le fils de monsieur
Pierre
**B.** Le fils de Papa Saïd
**C.** Un ami de Nadia

**7.** *L'enchanteur*
*vient en aide à :*
**A.** Monsieur Pierre
**B.** Bachir
**C.** La fée

**8.** *Nicolas est le nom de :*
**A.** Un ami de Bachir
**B.** Un saint
**C.** Une chaussure

**9.** *Diriez-vous de Bachir*
*qu'il est :*
**A.** Musclé
**B.** Malin
**C.** Timide

**10.** *Les chaussures à la fin*
*du troisième conte :*
**A.** Se marient
**B.** Partent en voyage
**C.** Sont jetées à la poubelle

**11.** *Le géant possède :*
**A.** Des chaussures rouges
**B.** Des chaussettes rouges
**C.** Un chaperon rouge

**12.** *La mère Michel est :*
**A.** La mère de Nadia
**B.** La bouchère
**C.** La femme de Lustucru

**13.** *Nadia est :*
**A.** Une sorcière
**B.** Une poupée
**C.** La sœur de Bachir

**14.** *La sorcière du placard*
*aux balais*
*est transformée en :*
**A.** Marchande
**B.** Grenouille
**C.** Poisson

**15.** *Monsieur Pierre habite :*
**A.** Un château
**B.** Une maison
**C.** Un appartement

**16.** *Quel est celui de ces contes qui ne se passe pas à Paris ?*
**A.** « Scoubidou... »
**B.** « Histoire de Lustucru »
**C.** « La Sorcière du placard aux balais »

**17.** *Quel est celui de ces personnages qui ne part pas en voyage ?*
**A.** Le géant
**B.** Papa Saïd
**C.** Scoubidou

**18.** *Quel est le personnage qui ne se trouve pas dans les contes ?*
**A.** Un géant
**B.** Un enchanteur
**C.** Un devin

**19.** *Quel est l'objet qui n'est pas magique ?*
**A.** Un vélo
**B.** Une poupée
**C.** Des chaussettes

**20.** *Le quartier de Paris où se déroulent la plupart des contes s'appelle :*
**A.** Les Gobelins
**B.** Les Batignolles
**C.** Les Buttes-Chaumont

*Solutions page 153*

# Jouez vos propres contes

En fait, si vous lisez bien la préface, toutes ces histoires partent de l'épicerie de Papa Saïd, située rue Broca (une drôle de rue !). Papa Saïd, Bachir, Nadia, Nicolas, Tina et Pierre (Gripari) s'y retrouvent.

Maintenant, vous allez distribuer les rôles : il faut un Bachir, un Pierre, un Papa Saïd, une Nadia, pour commencer.

SCÈNE 1 : Pierre entre pour faire quelques courses. Ensuite, vous devez recruter une sorcière...

SCÈNE 2 : La sorcière entre et demande un aliment curieux, les autres réagissent

Dans les scènes suivantes, vous pouvez inventer autant de personnages que vous voulez à condition que votre histoire ait un sens. Vous devez faire en sorte que tout se passe dans la boutique, et que les événements qui ont lieu au-dehors nous soient racontés.

Vous pouvez faire plusieurs équipes qui suivront le même modèle de départ et arriveront à des contes-spectacles différents : un jury « impartial » pourra juger le résultat...

# 9
# LES SORCIÈRES
# DANS LA LITTÉRATURE

*Les visages des sorcières sont bien différents suivant les époques et les pays. On les croit toujours redoutables, mais vous verrez qu'elles sont parfois sympathiques !*

## L'Odyssée

*Dans l'Antiquité grecque deux magiciennes célèbres sont entrées dans la légende. La première est Circé qu'Ulysse rencontre au cours de son périple.*
*Ulysse et ses compagnons abordent dans l'île de Circé. C'est Ulysse qui raconte comment il a envoyé ses compagnons en mission de reconnaissance.*

« Elle accourt, elle sort, ouvre sa porte reluisante et les invite ; et voilà tous mes fous ensemble qui la suivent !... Flairant le piège, seul, Euryloque est resté... Elle les fait entrer ; elle les fait asseoir aux sièges et fauteuils ; puis, leur ayant battu dans son vin de Pramnos du fromage, de la farine et du miel vert, elle ajoute au mélange une drogue funeste, pour leur ôter tout souvenir de la patrie. Elle apporte la coupe ; ils boivent d'un seul trait. De sa baguette, alors, la déesse les frappe et va les enfermer sous les tects de ses porcs. Ils en avaient la tête et la voix et les soies ; ils en avaient l'allure ; mais, en eux, persistait leur esprit d'autrefois. Les voilà enfermés. Ils pleuraient et Circé leur jetait à manger faînes, glands et cornouilles, la pâture ordinaire aux cochons qui se vautrent. »

Homère,
*L'Odyssée*, chant X,
traduction de Victor Bérard,
© Armand Colin

# Médée

*Médée, petite-fille du Soleil et nièce de Circé, est devenue, depuis l'Antiquité, la magicienne la plus célèbre. Pierre Corneille, en 1635, s'inspire des textes antiques pour, lui aussi, raconter la légende. Médée et Jason se réfugient à Corinthe après avoir conquis la Toison d'or. Mais Jason, dévoré par l'ambition, ne veut plus de Médée et épouse Créuse. Par un sort funeste, la magicienne empoisonnera la jeune mariée...*

MÉDÉE

« Qui me résistera, si je te veux punir,
Déloyal ? Auprès d'eux crains-tu si peu Médée ?
Que toute leur puissance, en armes débordée,
Dispute contre moi ton cœur qu'ils m'ont surpris,
Et ne sois du combat que le juge et le prix !
Joins-leur, si tu le veux, mon père et la Scythie,
En moi seule ils n'auront que trop forte partie.
Bornes-tu mon pouvoir à celui des humains ?
Contre eux, quand il me plaît, j'arme leurs propres mains ;
Tu le sais, tu l'as vu, quand ces fils de la Terre
Par leurs coups mutuels terminèrent leur guerre.
Misérable ! je puis adoucir des taureaux ;
La flamme m'obéit, et je commande aux eaux ;
L'enfer tremble, et les cieux, sitôt que je les nomme ;
Et je ne puis toucher les volontés d'un homme !
Je t'aime encor, Jason, malgré ta lâcheté ;
Je ne m'offense plus de ta légèreté ;
Je sens à tes regards décroître ma colère ;
De moment en moment ma fureur se modère ;
Et je cours sans regret à mon bannissement,
Puisque j'en vois sortir ton établissement.
Je n'ai plus qu'une grâce à demander ensuite ;
Souffre que mes enfants accompagnent ma fuite ;
Que je t'admire encore en chacun de leurs traits,
Que je t'aime et te baise en ces petits portraits ;
Et que leur cher objet entretenant ma flamme,
Te présente à mes yeux aussi bien qu'à mon âme. »

Corneille,
*Médée* (acte III, scène 3)

# Sacrées sorcières

*Nous étions jusqu'ici persuadés que les sorcières sortaient tout droit de l'imagination de nos ancêtres et que nous n'avions rien à craindre. Stupide erreur ! Roald Dahl nous explique pourquoi...*

« Dans les contes de fées, les sorcières portent toujours de ridicules chapeaux et des manteaux noirs, et volent à califourchon sur des balais.

Mais ce livre n'est pas un conte de fées.

Nous allons parler des *vraies sorcières*, qui vivent encore de nos jours. Ouvrez grand vos oreilles, et n'oubliez jamais ce qui va suivre. C'est d'une importance capitale. Voici ce que vous devez savoir sur les *vraies sorcières* :

*Les vraies sorcières s'habillent normalement, et ressemblent à la plupart des femmes. Elles vivent dans des maisons, qui n'ont rien d'extraordinaire, et elles exercent des métiers tout à fait courants.*

Voilà pourquoi elles sont si difficiles à repérer !

Une *vraie sorcière* déteste les enfants d'une haine cuisante, brûlante, bouillonnante, qu'il est impossible d'imaginer. Elle passe son temps à comploter contre les enfants qui se trouvent sur son chemin. Elle les fait disparaître un par un, en jubilant. Elle ne pense qu'à ça, du matin jusqu'au soir. Qu'elle soit caissière dans un supermarché, secrétaire dans un bureau ou conductrice d'autobus.

Son esprit est toujours occupé à comploter et conspirer, mijoter et mitonner, finasser et fignoler des projets sanglants.

"Quel enfant, oui, quel enfant vais-je passer à la moulinette ?" pense-t-elle, à longueur de journée.

Une *vraie* sorcière éprouve le même plaisir à passer un enfant à la moulinette qu'on a du plaisir à manger des fraises à la crème. Elle estime qu'il faut faire disparaître un enfant par semaine ! Si elle ne tient pas ce rythme, elle est de méchante humeur. *Un enfant par semaine, cela représente cinquante-deux enfants par an !*

*Un tour, deux tours de moulinette, et hop !... plus d'enfant !*

Telle est la devise des sorcières.

Mais la victime est souvent choisie avec soin. Voilà pourquoi une sorcière traque un enfant comme un chasseur traque un petit oiseau dans la forêt. La sorcière marche à pas feutrés... elle bouge lentement, au ralenti... de plus en plus près... puis enfin, elle est prête et *pfroutt !*... elle fonce sur sa victime comme un faucon. Des étincelles crépitent, des flammes jaillissent, des rats rugissent, des lions fulminent... Et l'enfant disparaît !

Une sorcière, vous comprenez, n'assomme pas un enfant ; elle ne le poignarde pas dans le dos ; elle ne le tue pas d'un coup de pistolet. Les gens qui se conduisent ainsi finissent par être capturés par la police.

Mais une sorcière n'est jamais jetée en prison. N'oubliez pas qu'elle a de la magie au bout des doigts, et le diable dans la tête. Grâce à ses pouvoirs magiques, les pierres peuvent bondir comme des grenouilles, et des langues de feu papilloter à la surface des eaux.

Terrifiants pouvoirs !

Heureusement, il n'y a plus beaucoup de sorcières, de nos jours. Mais il en reste suffisamment pour vous donner le frisson. En Angleterre, il y en a probablement une centaine. Certains pays en ont plus, d'autres beaucoup moins. Mais aucun pays du monde n'est à l'abri des sorcières (...)

En tout cas, pour les enfants, une véritable sorcière est la plus dangereuse des créatures. Ce qui la rend doublement dangereuse, c'est qu'elle a l'air inoffensive ! Même si vous êtes bien au courant (et bientôt, vous allez connaître tous les secrets des sorcières), vous n'êtes jamais absolument sûr d'être en présence d'une sorcière ou d'une charmante femme.

Si un tigre pouvait se transformer en un gros chien qui remue la queue, vous iriez certainement lui caresser le museau, et... vous seriez le festin du tigre ! C'est pareil avec les sorcières, car elles ressemblent toutes à des femmes gentilles. »

Roald Dahl,
*Sacrées sorcières*,
traduction de Henri Robillot,
© Gallimard

# L'Herbe rouge

*En plein XXᵉ siècle, on trouve encore des sorcières... dans les livres. Boris Vian en imagine une, la reniflante, qui prédit l'avenir. Lil, une des héroïnes de* L'Herbe rouge, *va la consulter...*

« Lil entra suivie de la spécialiste. Dans la cabane, il y avait un mètre d'eau et on circulait sur des matelas flottants pour ne pas abîmer l'encaustique. Lil, prudemment, se poussa jusqu'au fauteuil de reps usagé reservé aux visiteurs, pendant que la reniflante, fiévreusement, vidait l'eau par la fenêtre avec une casserole de fer rouillé. Quand tout fut à peu près sec, elle s'assit à son tour à sa table à flairer sur laquelle reposait un inhalateur de cristal synthétique. Il y avait sous l'inhalateur un gros papillon beige, évanoui, cloué au tapis de table passé par le poids de l'inhalateur.

La reniflante souleva l'instrument et, du bout des lèvres, souffla sur le papillon. Puis, reposant son appareil à sa gauche, elle tira de son corsage un jeu de cartes qui ruisselait d'une sueur fumante.

– Je vous fais toute la lyre ? demanda-t-elle.

– Je n'ai pas beaucoup de temps, dit Lil.

– Alors, la demi-lyre et le résidu ? proposa la reniflante.

– Oui, le résidu aussi, dit Lil.

Le papillon commençait à palpiter doucement. Et il poussa un léger soupir. Le paquet de tarots répandait une odeur de ménagerie. La reniflante étala rapidement les six premières cartes sur la table. Elle sentit avec violence.

– Bougre, bougre, dit-elle. Je ne subodore pas grand-chose dans votre jeu. Crachez-y par terre, voir, et posez le pied dessus.

Lil obéit.

– Retirez votre pied, maintenant.

Lil retira son pied et la reniflante enflamma un petit feu de Bengale. La pièce se remplit de fumée lumineuse et d'un parfum de poudre verte. »

Boris Vian,
*L'Herbe rouge,*
© Jean-Jacques Pauvert

# Les Sorcières

*Un ouvrage indispensable pour tout savoir sur les sorcières :*
*leurs habitudes, leurs pouvoirs, leurs secrets, et leurs cou-*
*tumes...*

### Qui est sorcière ?

« Si l'on en croit d'anciens textes : Une sorcière se
reconnaît à son grand âge, à son visage buriné, à son front
ridé, à ses lèvres moustachues, à ses chicots cassés, à ses
yeux qui louchent, à sa voix perçante, à ses ronchonne-
ments incessants, à son manteau en guenilles et au fait
qu'elle est toujours suivie de son chat ou de son chien.

On ne peut faire meilleur portrait de bien des gens et
tout spécialement des grand-mères et, plus spécialement
encore, des vieilles grand-mères.

Toutefois, même si votre grand-mère présente toutes
ces qualités, il n'est pas forcément sûr qu'elle soit une sorcière. »

*Sort pour faire venir l'autobus.*

*Notez l'usage du pouce.*

*Ce sort est parfois trop puissant.*

Colin Hawkins,
*Les Sorcières,*
traduction de Claude Lauriot Prévost,
© Albin Michel Jeunesse

# Jeannot et Margot

*Dans les contes allemands recueillis par les frères Grimm, la sorcière se cache à l'intérieur d'une maison bien alléchante.*

« Mais la gentillesse de la vieille était feinte, car c'était une méchante sorcière qui guettait les petits enfants et n'avait bâti sa maisonnette de pain que pour les attirer. Quand il en tombait un en son pouvoir, elle le tuait, le faisait cuire, le mangeait et pour elle, c'était jour de fête. Les sorcières ont les yeux rouges et ne voient pas de loin, mais elles ont du flair comme les animaux et sentent les hommes venir. Quand Jeannot et Margot arrivèrent dans son voisinage, elle eut un rire mauvais et dit sardoniquement : "Je les tiens, ils ne m'échapperont plus." De bon matin, avant que les enfants ne fussent réveillés, elle se leva, et en les voyant reposer tous les deux si gentiment, avec leurs joues rondes et rouges, elle murmura à part soi : "Cela fera un morceau de choix." Alors elle saisit Jeannot de sa main décharnée, le porta dans une petite étable, et l'enferma derrière une porte grillagée. Il eut beau crier tant qu'il pouvait, cela ne lui servit de rien. Puis elle alla auprès de Margot, la secoua pour la réveiller et cria : "Debout, paresseuse, va chercher de l'eau et fais cuire quelque chose de bon pour ton frère, il est enfermé dans l'étable et il faut qu'il engraisse. Quand il sera gras, je le mangerai." Margot se mit à pleurer amèrement, mais en vain, force lui fut de faire ce que la méchante sorcière demandait. »

Alors, on prépara pour le pauvre Jeannot les meilleurs plats, mais Margot n'eut que les carapaces des écrevisses. Tous les matins, la vieille se traînait à la petite étable et criait : "Jeannot sors tes doigts, que je sente si tu seras bientôt assez gras." Mais Jeannot lui tendait un petit os et la vieille, qui avait la vue trouble et ne pouvait pas le voir, croyait que c'étaient les doigts de Jeannot et s'étonnait qu'il ne voulût pas engraisser.

Grimm.
*Contes*,
« Jeannot et Margot »,
traduction de Marthe Robert,
© Gallimard

# 10
# SOLUTIONS DES JEUX

## Êtes-vous sorcier, enchanteur ou fée ?
### (p. 125)

**Si vous avez entre 61 et 80 \*** : vous êtes un sorcier (une sorcière) confirmé(e). Vous adorez les feux, les vieilles maisons, les châteaux mystérieux. L'air pur blesse vos poumons et vous rêvez d'une recette magique pour dominer tous ces crapauds baveux qui vous entourent... Que votre entourage se méfie !

**Si vous avez entre 41 et 60 \*** : vous hésitez entre la profession d'enchanteur, de fée et celle de sorcier. Il vous est souvent difficile de savoir si vous voulez du bien ou du mal à telle ou telle personne de votre entourage. Tout cela vous cause bien des désagréments et les autres ne savent jamais comment vous allez réagir. Choisissez une bonne fois !

**Si vous avez entre 20 et 40 \*** : décidément, vous êtes une charmante personne. Tous vous recherchent, certains disent même que vous êtes un peu trop naïf, voire niais... Mais ne les écoutez pas et continuez à rêver que, d'un coup de baguette magique, vous allez rendre l'univers bon et vertueux. Nous vous souhaitons tout le courage et la persévérance nécessaires !

## Mots en équerre
### (p. 129)

1 : Licorne - 2 : Lustucru - 3 : Uranus - 4 : ULM  5 : Crapaud - 6 : Chat - 7 : Interdite - 8 : Iguane - 9 : Fée - 10 : Fourchu - 11 : Épouvante - 12 : Enorme - 13 : Rage - 14 : Roue.
Derrière ces mots se cache Lucifer, le meilleur ami des sorcières !

# Il y a paire et père !
## (p. 132)

Un nombre pair - Athéna a les yeux pers - Le père de famille - Il perd son temps - Une paire de lunettes - Un pair de France

# Douze questions pour tout savoir
## (p.133)

1 : B (p. 50) - 2 : B (p. 50) - 3 : A (p. 50) - 4 : C (p. 56) - 5 : B (p. 59) - 6 : A (p. 61) - 7 : B (p. 61) - 8 : C (p. 62) - 9 : B (p. 64) - 10 : A (p. 65) - 11 : B (p. 66) - 12 : B (p. 66)

**Si vous obtenez de 9 à 12 bonnes réponses** : bravo ! Vous avez mis vos lunettes spéciales qui ne laissent échapper aucun détail !

**Si vous obtenez de 4 à 8 bonnes réponses** : essuyez vos lunettes ! Vous tirerez meilleur profit de votre lecture.

**Si vous obtenez moins de 4 bonnes réponses** : achetez-vous des lunettes ou lisez avec plus d'attention !

# Un peu d'histoire
## (p.136)

A : César - B : Clovis - C : Charles Martel - D : Roland - E : Guillaume le Conquérant - F : Jeanne d'Arc - G : Napoléon I$^{er}$ - H : le général de Gaulle.

# Dix questions sur les robinets
## (p.137)

1 : C (p. 85) - 2 : A (p. 88) - 3 : B (p. 88) - 4 : A (p. 88) -
5 : A (p. 89) - 6 : C (p. 94) - 7 : A (p. 97) - 8 : B (p. 98) -
9 : B (p. 98) - 10 : C (p. 100)

**Si vous obtenez de 7 à 10 bonnes réponses** : bravo ! Vous
êtes expert en tuyaux !

**Si vous obtenez de 4 à 6 bonnes réponses** : encore un petit
effort pour la plomberie !

**Si vous obtenez moins de 4 bonnes réponses** : vous êtes
fâché avec les problèmes de robinets !

# Vingt questions
## pour fêter votre entrée en sorcellerie
### (p.142)

1 : A (p. 68) - 2 : B (p. 24) - 3 : C (p. 102) - 4 : B (p. 106) -
5 : C (p. 20) - 6 : B (p. 50) - 7 : C (p. 100) - 8 : C (p. 42) -
9 : B (p. 25) - 10 : B (p. 49) - 11 : B (p. 29) - 12 : C (p. 83) -
13 : C (p. 24) - 14 : B (p. 119) - 15 : B (p. 104) - 16 : B - 17 :
B - 18 : C - 19 : A (p. 67) - 20 : A (p. 19)

**Si vous obtenez de 17 à 20 bonnes réponses** : la fée vous a
aidé, vous êtes vraiment en état de grâce ! A moins, évi-
demment, qu'un sorcier ne vous ait poussé à regarder les
réponses...

**Si vous obtenez de 12 à 16 bonnes réponses** : bravo ! Vous
êtes entré dans le monde magique avec enthousiasme !
Vous pouvez maintenant nous suivre dans cet univers
mystérieux.

**Si vous obtenez de 5 à 11 bonnes réponses** : vous n'avez lu
que d'un œil ! Ouvrez donc les deux ou buvez un élixir !

**Si vous obtenez moins de 5 bonnes réponses** : une sorcière
a dû vous empêcher de lire, allez vite chercher un bon
mage pour la combattre, votre cas est sérieux !

Des **histoires**
pour **rire** un peu,
beaucoup, à gorge déployée...

dans la collection FOLIO **JUNIOR**

## LE GENTIL PETIT DIABLE
### ET AUTRES CONTES DE LA RUE BROCA
### Pierre **Gripari**
n° 451

*Un gentil petit diable bouleverse la théologie
en préférant le ciel à l'enfer. Une patate vit un
grand roman d'amour. Des petites filles utilisent
la boutique de papa Saïd pour y cacher leur
cochon-tirelire...*
*Six contes de Pierre Gripari.*

❝ Il était une fois un joli petit diable, tout
rouge, avec deux cornes noires et deux ailes de
chauve-souris. Son papa était un grand diable
vert et sa maman une diablesse noire. Ils vivaient
tous les trois dans un lieu qui s'appelle l'Enfer, et
qui est situé au centre de la Terre.

L'Enfer, ce n'est pas comme chez nous. C'est
même le contraire : tout ce qui est bien chez nous
est mal en Enfer ; et tout ce qui est mal ici est
considéré comme bien là-bas. C'est pourquoi, en

principe, les diables sont méchants. Pour eux, c'est bien d'être méchant.

Mais notre petit diable, lui, voulait être gentil, ce qui faisait le désespoir de sa famille.

Chaque soir, quand il revenait de l'école, son père lui demandait :

– Qu'est-ce que tu as fait aujourd'hui ?

– Je suis allé à l'école.

– Petit imbécile ! Tu avais fait tes devoirs ?

– Oui, papa.

– Petit crétin ! Tu savais tes leçons ?

– Oui, papa.

– Petit malheureux ! Au moins, j'espère que tu t'es dissipé ?

– Ben…

– As-tu battu tes petits camarades ?

– Non, papa.

– As-tu lancé des boulettes de papier mâché ?

– Non, papa.

– As-tu seulement pensé à mettre des punaises sur le siège du maître pour qu'il se pique le derrière ?

– Non, papa.

– Mais alors, qu'est-ce que tu as fait ?

– Eh bien, j'ai fait une dictée, deux problèmes, un peu d'histoire, de la géographie…

En entendant cela, le pauvre papa diable se prenait les cornes à deux mains, comme s'il voulait se les arracher.

– Qu'est-ce que j'ai bien pu faire à la Terre pour avoir un enfant pareil ? Quand je pense que depuis des années, ta mère et moi, nous faisons des sacrifices pour te donner une mauvaise éducation, pour te prêcher le mauvais exemple, pour essayer de faire de toi un grand, un méchant diable ! Mais non ! Au lieu de se laisser tenter, Monsieur fait des problèmes : Enfin quoi, réfléchis : qu'est-ce que tu comptes faire, plus tard ?

– Je voudrais être gentil, répondait le petit diable.

Bien entendu, sa mère pleurait, et son père le punissait. Mais il n'y avait rien à faire : le petit diable s'obstinait. A la fin, son père lui dit :

– Mon pauvre enfant, je désespère de toi. J'aurais voulu faire de toi quelqu'un, mais je vois que c'est impossible. Cette semaine encore, tu as été premier en composition de français ! En conséquence, j'ai décidé de te retirer de l'école et de te mettre en apprentissage. Tu ne seras jamais qu'un petit diablotin, un chauffeur de chaudière... Tant pis pour toi, tu l'as voulu !

Et en effet, dès le lendemain, le petit diable n'alla plus à l'école. Son père l'envoya à la Grande Chaufferie Centrale, et là il fut chargé d'entretenir le feu sous une grande marmite où bouillaient une vingtaine de personnes qui avaient été très, très méchantes pendant leur vie.

Mais là non plus le petit diable ne donna pas satisfaction. 🙮

(Extrait du *Gentil Petit Diable*)

## LA POTION MAGIQUE DE GEORGES BOUILLON
### Roald Dahl
#### n° 463

La grand-mère de Georges est une vieille chipie ; qui sait, peut-être même une sorcière... terrorisé, le petit garçon s'enferme dans la cuisine et lui prépare une potion magique de sa composition ; une potion qui devrait lui permettre de se débarrasser pour de bon de cette mégère...

## MATILDA
### Roald Dahl
#### n° 744

Avant même d'avoir cinq ans, Matilda sait lire et écrire, connaît tout Dickens, a dévoré Kipling et Steinbeck. Pourtant son existence est loin d'être facile, entre une mère indifférente, abrutie par la télévision, et un père d'une franche malhonnêteté. Sans oublier Mlle Legourdin, la directrice de l'école, personnage redoutable qui voue à tous les enfants une haine implacable

## LE BON GROS GÉANT
### Roald Dahl
#### n° 602

Sophie ne rêve pas, cette nuit-là, quand elle aperçoit de la fenêtre de l'orphelinat une silhouette immense vêtue d'une longue cape noire. Une main énorme s'approche et la saisit. Et Sophie est emmenée au pays des géants. Terrifiée, elle se demande de quelle façon elle va être dévorée. Mais la petite fille est tombée entre les mains d'un géant peu ordinaire : c'est le BGG, le Bon Gros Géant qui se nourrit de légumes, et souffle des rêves dans la chambre des enfants...

## LES DEUX GREDINS
### Roald **Dahl**

n° 141

La barbe de Compère Gredin est un véritable garde-manger, garni des reliefs de ses monstrueux festins : restes de spaghettis aux lombrics, déchets de tarte aux oiseaux... un régal que Commère Gredin lui prépare chaque semaine avec les oiseaux qu'il attrape grâce à la Glu Éternelle. Mais voilà qu'une bande de singes acrobates et un Oiseau Arc-en-ciel troublent les préparatifs du plat hebdomadaire...

## TREIZE À LA DOUZAINE
### Ernestine et Frank **Gilbreth**

n° 460

Mr et Mrs Gilbreth décident, le jour de leur mariage, qu'ils auront douze enfants ! Et en effet, ils auront six garçons et six filles : douze petits rou-

quins élevés par des parents ingénieurs et obsé-
dés par l'étude du rendement. Deux des douze
enfants racontent ici leur enfance; Treize à la
douzaine n'est donc pas une fiction mais une histoire de famille. Une famille peu banale...

## LES GENS DE SCHILDA
### Erich **Kästner**

n° 13

Au Moyen Age, à une époque où l'on n'avait
pas encore inventé la poudre, existait en plein
milieu de l'Allemagne une petite ville du nom de
Schilda, dont les habitants s'appelaient par
conséquent les Schildois. Les Schildois étaient
bêtes. Vraiment très bêtes. Tout ce qu'ils entre-
prenaient, ils le faisaient de travers. Et tout ce
qu'on leur disait, ils le prenaient au pied de la
lettre. Tout le pays riait aux dépens des Schildois... Au fait, étaient-ils aussi bêtes qu'ils en
avaient l'air?

## HARRY EST FOU
### Dick **King-Smith**

n° 406

Lorsque Harry se trouva pour la première fois
nez à nez avec Madison, il fit la grimace. Pourquoi diable son oncle d'Amérique, l'oncle

*Georges, lui avait-il légué un perroquet africain au plumage gris, âgé de quarante ans et, de surcroît, muet ?*

## MAGNUS SUPER SOURIS
### Dick King-Smith
n° 591

Par quel étrange caprice du destin la souris Madeleine a-t-elle pu mettre au monde un fils aussi gros qu'un bébé rat ? Seules les pilules destinées à engraisser les cochons parviennent à satisfaire l'appétit du monumental souriceau..

## LE NEZ DE LA REINE
### Dick King-Smith
n° 775

Le vœu le plus cher d'Harmony : avoir un animal bien à elle. Pas un éléphant, ni même un chimpanzé ; un bébé chien ou un couple de souris feraient l'affaire. Pourquoi ses parents s'y opposent-ils ? Heureusement, il y a l'oncle Ginger et sa pièce de monnaie magique. Mais pour voir son vœu exaucé, Harmony devra surmonter bien des obstacles, déchiffrer une énigme, se montrer perspicace et généreuse. A sa grande surprise, elle parviendra ainsi à mieux connaître sa famille...

## LA GUERRE DES BOUTONS
### Louis **Pergaud**
#### n° 436

*Entre les Longeverne, menés par le grand Lebrac, et les Velrans du village voisin, la guerre est aussi acharnée qu'immémoriale. Mais le jour où les Velrans surprennent Grangibus et Tigibus dans le bois et les apostrophent d'une insulte inconnue des Longevernes pourtant experts en jurons fleuris, le conflit prend un tour nouveau...*

## LE CHAT QUI PARLAIT MALGRÉ LUI
### Claude **Roy**
#### n° 615

*Un beau matin, sans crier gare, Gaspard, le Cher Ami Chat de Thomas, se surprend en train de parler. Il parle en prose – et même en vers. On aurait pour moins la tête à l'envers.*

*En lisant l'histoire absolument vraie du chat-parleur au terrible secret, on verra comment le noble Gaspard parvint à surmonter cet étrange avatar.*

*Chat-malin, chat-poète, et génie des matous, modèle des amis, modèle des époux, Gaspard le beau parleur gardera-t-il son secret jusqu'au bout ?*

## LES RÉCRÉS DU PETIT NICOLAS
### Sempé/Goscinny

n° 468

A l'école, il y a les copains. Pour cette raison évidente, Nicolas aime beaucoup l'école, surtout pendant les récrés. Alceste mange ses tartines de confiture, Agnan révise ses leçons, Eudes ne rate pas une bagarre, Geoffroy parade dans sa nouvelle tenue de footballeur...

## LES VACANCES DU PETIT NICOLAS
### Sempé/Goscinny

n° 457

La plage, c'est chouette ! En famille ou en colonie de vacances, on y trouve une multitude de copains. Le soir ou les jours de pluie, on écrit des lettres aux papas, aux mamans, à Marie-Edwige... et pendant les jeux de nuit, on a un peu peur, c'est terrible !

## LE PETIT NICOLAS ET LES COPAINS
### Sempé/Goscinny

n° 475

Comme tous les petits garçons, Nicolas a un papa, une maman, des voisins mais surtout des copains : Clotaire le rêveur, Agnan l'élève modèle, Maixent le magicien, Rufus, Eudes, Geoffroy... sans oublier Marie-Edwige.

## JOACHIM A DES ENNUIS
### Sempé/Goscinny

n° 444

Parmi les amis du petit Nicolas, Joachim est l'un des plus pittoresques. Toujours renfrogné et complètement rétif à la grammaire, sa vie est une suite d'ennuis de tous ordres. Et voilà, comble de malheur, qu'un petit frère vient encombrer sa famille...

## MARCELLIN CAILLOU
### Sempé

n° 561

Marcellin Caillou pourrait être un enfant heureux s'il n'était affligé d'une bizarre maladie : il rougit pour un oui ou pour un non. Sans aucune raison, et au moment où il s'y attend le moins...

## ELOÏSE
### Kay Thompson et Hilary Knight

n° 223

Eloïse, c'est moi ! J'ai six ans et j'habite au Plaza, un grand hôtel de New York. Je suis une vraie calamité, paraît-il. C'est ce que dit le directeur de l'hôtel... Mais moi, je dis que dans la vie on n'a pas le droit de s'ennuyer, et croyez-moi, on ne s'ennuie pas, au Plaza : entre les promenades en ascenseur, les réceptions mondaines et les tempêtes dans la salle de bain, je suis si occupée que je me demande bien comment je peux arriver à tout faire...

## FANTASIA CHEZ LES PLOUCS
### Charles **Williams**
#### n° 284

Ah ! ça, pour un été, c'était un fameux été ! Comme dit Pop (Pop, c'est papa), les fermes, c'est fortifiant, et pour ce qui est d'en trouver une plus fortifiante que celle à mon oncle Sagamore, on peut chercher. Il y avait un lac où on pouvait attraper des poissons vivants, j'avais un chien, et puis il y avait tous les chasseurs de lapins avec leurs mitraillettes, et aussi Miss Harrington. Elle était rudement gentille et c'est elle qui m'a appris à nager. Miss Harrington ? Eh bien ! C'est elle qu'avait le liseron qu'a été la cause de tout ce raffut...